Bruxaria Natural

Uma Filosofia de Vida

Tânia Gori

Bruxaria Natural

Uma Filosofia de Vida

© 2024, Madras Editora Ltda.

Editor:
Wagner Veneziani Costa (*in memoriam*)

Produção e Capa:
Equipe Técnica Madras

Revisora Colaboradora:
Maria do Carmo C. de Mello

Revisão:
Arlete Genari
Neuza Alves
Letícia Pieroni

Dados Internacionais de Catalogação na Publicação (CIP)
(Câmara Brasileira do Livro, SP, Brasil)

Gori, Tânia
Bruxaria natural: uma filosofia de vida/
Tânia Gori. – São Paulo: Madras, 2024.

Bibliografia
ISBN 978-85-370-0812-6

1. Bruxaria 2. Feitiçaria I. Título.

12-12243   CDD-133.43

Índices para catálogo sistemático:
1. Bruxaria: Ocultismo 133.43

É proibida a reprodução total ou parcial desta obra, de qualquer forma ou por qualquer meio eletrônico, mecânico, inclusive por meio de processos xerográficos, incluindo ainda o uso da internet, sem a permissão expressa da Madras Editora, na pessoa de seu editor (Lei nº 9.610, de 19/02/1998).

Todos os direitos desta edição reservados pela

MADRAS EDITORA LTDA.
Rua Paulo Gonçalves, 88 – Santana
CEP: 02403-020 – São Paulo/SP
Tel.: (11) 2281-5555 – (11) 98128-7754
www.madras.com.br

Apresentação

Olá!!!
Você já percebeu como vivemos em um mundo mágico, onde tudo que foi imaginado há milhões e milhões de anos aconteceu? Não???!!! Já notou a magia de poder receber notícias das pessoas queridas à distância? Primeiro foram as cartas, depois o telefone e agora a internet; ou a magia dos carros, dos aparelhos eletrônicos, enfim, das muitas invenções que há alguns anos parecia impossível?... Nossa!!!

Você já pensou na época dos gladiadores em Roma, eles lutando com metralhadoras, ou Cleópatra podendo tomar banho em uma banheira de hidromassagem???!!!

Há muitos anos todas essas coisas, que para nos são corriqueiras, eram magias que somente os sábios e magos poderiam fazer. Descobrimos hoje que os nossos pesquisadores e cientistas eram as bruxas e os magos de outras vidas.

Desejo entrar em seus corações neste nosso primeiro contato, mostrando que a magia e consequentemente a Bruxaria são mais simples do que as pessoas falaram; o ser humano de modo geral gosta de complicar o simples.

Este livro se destina a todos aqueles que um dia volveram os olhos para o céu em busca da verdade e perguntaram se estavam no caminho certo.

Nos capítulos, procuro colocar você a um passo à frente do limiar físico e já dentro do desconhecido, tentando explicar alguns dos segredos que há muito tempo ficaram em poder de um pequeno grupo de pessoas chamadas "iniciadas".

Peço a você, leitor, que reúna curiosidade e paciência, para percorrermos juntos esse caminho até o fim, pois, com certeza, muita coisa em que acreditava ou intuía estará sendo provada.

Procuro, por meio dos capítulos, fazê-lo refletir sobre si mesmo, sobre a Natureza e sobre o mundo em que vive. Ao montar este livro, minha maior preocupação foi o enriquecimento da sua própria evolução e uma maior compreensão dos grandes mistérios que nos cercam.

Os ensinamentos o dotarão de informações que ampliarão sua visão racional do Universo e mesmo da vida, fazendo com que ela se torne melhor.

Se irá concordar comigo, isso é outra história. Mas uma coisa é garantida: após este livro VOCÊ não será mais o mesmo; terá mudado, e, com certeza, para melhor!

Por falar de história, lembrei-me de uma que gostaria de compartilhar com vocês:

"Existia um garoto que era muito bondoso, mas também extremamente ambicioso e, certo dia, ele encontrou uma lâmpada mágica; o gênio concedeu-lhe três pedidos, e ele mais que depressa pediu, dinheiro, mulheres e livros. O gênio atendeu aos pedidos e foi embora. Com o passar dos anos o dinheiro e as mulheres foram embora, mas o conhecimento adquirido nos livros ficou e, por meio desse conhecimento, o garoto, agora um homem feito, conseguiu fazer uma grande fortuna e uma bela família.

Moral da história: Pelo conhecimento, realizamos nossos maiores sonhos."

Eu o convido a abrir as portas desse conhecimento.

Sejam bem-vindos!!!
"A Magia só é mágica no momento que encanta."
Beijos Encantados,
Tânia Gori

Dedicatória

Dedico esta obra a uma estrela chamada Petronilha, minha avó, a qual iluminou e ilumina sempre minha trilha.

À grande Mãe Terra, que me colocou neste caminho e me oferece estabilidade no meu dia a dia.

A três presentes do Universo: minha paixão, Alexandre, que desde o primeiro momento ofereceu todo apoio que precisei nesta jornada. Aos meus dois filhos Renan e Raphael, minhas melhores obras.

Gratidão

Agradeço a todos que compreenderam minha ausência em tantos momentos neste processo de construção; e a todos os alunos e colaboradores que participaram e participarão desses Ritos, neste processo de transformação.

Índice

Introdução 13
Capítulo 1 – Bruxaria Natural – História e Filosofia 15
Capítulo 2 – Pilares da Bruxaria Natural e Leis
Complementares da Bruxaria Geral 27
Capítulo 3 – O Encontro com os Elementais e Rituais
Rápidos de Harmonização e Equilíbrio 41
Capítulo 4 – Instrumentos Mágicos. 81
Capítulo 5 – Tabelas de Apoio – A Grande Arte da Feitiçaria . . 93
Capítulo 6 – Dicionário Mágico – Decodificação de
Antigas Poções Mágicas 103
Capítulo 7 – Ano Lunar e Festivais da Bruxaria 107
Capítulo 8 – Outros Povos, Outras Datas Mágicas... 115
Capítulo 9 – Egrégora do Calendário Lunar 125
Capítulo 10 – Calendário dos Gnomos e Duendes 143
Capítulo 11 – Calendário das Fadas. 149
Bibliografia 155

Introdução

1. Introdução ao Mundo da Bruxaria

Que visão a maioria das pessoas tem de uma bruxa? A maioria acha que bruxa é uma mulher feia, má, com uma grande verruga no nariz, que cozinha bebezinhos pagãos (criancinhas não batizadas) e que, acima de tudo, voa numa grande vassoura feita de ervas, ou então tem a visão hollywoodiana de uma bruxa que mexe o nariz e tudo o que imagina aparece na sua frente. Qual é a sua visão?

2. Bruxaria – Religião e Filosofia

A palavra *religião* vem do latim *religio > religionis* e é geralmente associada à palavra latina *religatio, religationis > religação*. Neste livro falaremos sobre a Bruxaria não como uma religião, porque, para ser uma religião, seria preciso afirmar que não possuímos a Natureza dentro de nós e, automaticamente, teríamos de ligar novamente nossos laços com a Mãe Natureza. Mas em que momento teríamos perdido esses laços? Será que os perdemos um dia?

Estudaremos a Bruxaria como uma filosofia de vida, como uma arte na qual expomos de cara limpa, sem medo e sem preconceito, o nosso amor pela Mãe Natureza, despertando o amor em nós e aprendendo a respeitar as pessoas, a vontade da Natureza e, acima de tudo, a nós mesmos.

Não temos hierarquia nem mestres. Somos apenas eternos aprendizes que contemplamos os nossos professores: o Senhor Sol, a Senhora Lua, as Senhoritas Estrelas, enfim, todo o Cosmos. Eu, particularmente, admiro todas as formas de expressão da Bruxaria. Afinal, estamos todos em um grande processo de aprendizagem e todos os caminhos levam à redescoberta do ser humano e da magia que existe dentro de cada um.

Para ser uma bruxa, não é preciso abandonar suas crenças e seus dogmas religiosos. Basta acreditar no seu próprio poder e na força da Mãe Natureza.

As bruxas são mulheres que buscam o equilíbrio natural da Natureza. Talvez por medo, o ser humano nunca buscou viver em harmonia com a Mãe Terra, e até hoje ele só tem provocado a sua destruição.

Bruxaria é a magia da simplicidade e da dualidade. Como se acredita que tudo é feito de símbolos, então tudo é possível. Se usarmos o laboratório da Natureza e não prejudicarmos ninguém, poderemos obter tudo o que desejarmos.

Reflita: *A Bruxaria não tem cor. É como uma torneira que, quando aberta, tanto serve para matar a sede quanto para matar uma criança...*

Beijos Encantados!

Tânia Gori

Capítulo 1

Bruxaria Natural – História e Filosofia

1. Nascimento da Bruxaria

Segundo a doutora Margareth Murray, as origens da Bruxaria remontam ao período paleolítico, cerca de 2,5 milhões de anos atrás. A importância da mulher e da Natureza era vista por meio da observação. O ser humano relacionava tudo na Natureza com uma energia espiritual e, assim, estabelecia a magia simpática.

2. Imaginativo Primitivo

No início, não se conheciam deuses nem ciências. Tudo era novo, tudo era mágico, e o homem primitivo acreditava na sua união com a Natureza. Existia o ritual para o nascer do Sol, pois se o ritual não fosse realizado, o Sol não nasceria e todos ficariam na escuridão. Acender fogueiras era o ritual para as noites frias. Havia, rituais para cada mudança de fase da Lua, pois cada Lua tinha sua energia própria. Os homens primitivos sentiam grande prazer com o carinho dos ventos, mas também temiam as forças naturais, como a voz dos trovões e a fúria dos mares. Todavia, tinham acima de tudo grande respeito um pelo outro e todos pela Natureza.

3. Etimologia da palavra "Bruxa"

Várias pesquisas afirmam que a palavra *bruxa* deriva do verbo *brusiare* > *queimar*, usado no latim da Idade Média. Outras pesquisas apontam para a palavra grega *brouchos*, que designa *larva de borboleta*, ou seja, o ser disposto a sofrer uma metamorfose dentro e fora de si mesmo. Há também linguistas que sustentam que a palavra *bruxa* seja um vocábulo pré-romano, de origem controversa, provavelmente do latinismo *brouxa* ou *plusscia* > *pluscia* > *bruscia* > *bruxa*.

4. Evolução da Bruxaria

No período paleolítico ou Idade da Pedra Lascada, que teve início 2,5 milhões de anos atrás e durou até 13000 a.C., o homem desconhecia sua participação na procriação e, por isso, a valorização feminina era muito grande porque a mulher "criava a vida", cuja observação é comprovada por meio de desenhos rupestres. Ao período paleolítico se seguiu o período mesolítico, que se estendeu de 13000 a 8000 a.C.

No período neolítico ou Idade da Pedra Polida, que teve início em 8000 a.C. e durou até 1500 a.C., o homem se tornou sedentário e passou a observar os animais com mais atenção. Ao verificar que as fêmeas só procriavam com a presença dos machos, concluiu que a mulher também só procriaria com a presença do homem. Então a mulher passou de superior para igual.

Com o advento do Judaísmo, que pregava a crença em um único Deus, e mais tarde, com o domínio do Império Romano, a mulher deixou de ser igual e passou a ser inferior ao homem.

5. A Bruxaria na Europa

Há quatro interpretações sobre as raízes europeias da Bruxaria:

1. As bruxas nunca existiram. A Bruxaria era simplesmente uma invenção das autoridades da Igreja Católica, usada especificamente para ganhar poder e força;

2. A Bruxaria desenvolveu-se a partir de cultos de fertilidade europeus, que enfatizavam uma Deusa como deidade central;
3. A Bruxaria era uma convenção social em que as pessoas culpavam uma bruxa quando não podiam explicar um acontecimento;
4. A Bruxaria desenvolveu-se gradativamente a partir de uma grande variedade de práticas e costumes, cujas raízes se encontram no paganismo, no misticismo hebreu e no folclore grego.

6. A Bruxaria se torna Ilegal

Até 1484, a Igreja Católica não tinha uma definição sobre a Bruxaria e qualquer citação bíblica sobre Bruxaria passou a ser registrada após 1484. Só com a publicação do manual de caça às bruxas, *O Martelo das Feiticeiras* (Editora Nova Era), é que surgiu a relação das bruxas com o demônio: *"Se uma mulher se atreve a curar sem ter estudado, ela é uma bruxa e deve morrer"*. Ou ainda: *"Como pode viver um ser que sangra sete dias e não morre, a não ser pelo pacto que tem com o demônio?"*.

7. Primeiras Leis

Em 743, o sínodo de Roma declarou ser crime fazer oferendas a espíritos. Em 829, o sínodo de Paris baixou um decreto proclamando que a Igreja Católica não toleraria encantamentos e idolatria. Entre 1100 e 1300, a imagem da bruxa foi se transformando em uma criatura diabólica que desprezava o sagrado, comia crianças e realizava orgias selvagens.

8. A Inquisição

A Inquisição era um tribunal eclesiástico, chamado Tribunal do Santo Ofício, criado para combater heresias cometidas por cristãos confessos e muçulmanos vindos do Oriente. A Inquisição foi iniciada em 1184, em Verona, Itália, pelo papa Lúcio III, que se inspirou em textos de Santo Agostinho. A Inquisição fortaleceu-se durante o papado de Inocêncio III (1198-1216) e no Concílio de Latrão (1215). De 1231 a 1234, o papa Gregório IX multiplicou os Tribunais de Inquisição na Europa, que eram presididos por inquisidores permanentes.

9. Os Inquisidores

Todo inquisidor devia ser doutor em Teologia e em Direito Canônico e Civil e ter, no mínimo, 40 anos de idade para ser nomeado. A autoridade do inquisidor era dada pelo papa por meio de uma bula, que às vezes delegava seu poder de nomear inquisidores a um cardeal representante, aos superiores ou aos padres provincianos dos dominicanos e aos frades franciscanos. Foram os papas Inocêncio IV e Alexandre IV que delegaram poder aos superiores e aos padres provincianos de suas respectivas Ordens *Licet ex Omnibu* e *Olim Praesentiens*. O inquisidor não podia nomear um escrivão, pois era assistido pelo escrivão público das dioceses. Somente em 1561 os papas puderam nomear os escrivães.

10. Quem era Herético?

- Quem era excomungado pela Igreja Católica.
- Quem se opunha à Igreja e contestava a autoridade que ela recebia de Deus.
- Quem cometia erros na interpretação das Sagradas Escrituras.
- Quem criava uma nova seita ou aderia a uma seita já existente.
- Quem não aceitava a doutrina romana sobre os sacramentos.
- Quem tinha opinião diferente da opinião da Igreja Católica sobre um ou vários artigos de fé.
- Quem duvidava da fé cristã.

11. As Torturas

A Inquisição usava a tortura como método de obter as confissões. Às vezes chegava ao extremo, levando o torturado à morte. Segundo o grande historiador norte-americano Henry Thomas, poderia ser escrito um livro, embora nada agradável, sobre as torturas empregadas pela Inquisição. Eis alguns exemplos de tortura:

O prisioneiro, com as mãos amarradas para trás, era levantado por uma corda que passava por uma roldana e guindado até o alto do patíbulo ou teto da câmara de tortura. Em seguida, deixavam-no cair e travavam o aparelho quando seu corpo chegava próximo ao chão. Isso se repetia várias vezes. Os cruéis carrascos também amarravam pesos nos pés da vítima, a fim de aumentar o choque da queda.

Havia a tortura pelo fogo. Os pés da vítima eram colocados sobre carvões em brasa, e sobre as brasas era espalhada uma camada de graxa para que estalasse ao contato com o fogo. Enquanto o fogo martirizava o supliciado, os inquisidores ali presentes incitavam-no "piedosamente" a aceitar os ensinamentos da Igreja, em cujo nome o condenado estava sendo tratado "tão delicada e misericordiosamente".

Para que houvesse um contraste com a tortura pelo fogo, praticavam também a tortura pela água. Amarravam as mãos e os pés do prisioneiro com uma corda trancada, que lhe penetrava as carnes e os tendões, e abriam a boca da vítima à força, despejando água dentro dela, até que chegasse à confissão ou à sufocação.

Toda imaginação bárbara do espírito de Dante quando descreveu o inferno foi incorporada às máquinas reais que cauterizavam as carnes, esticavam e dilaceravam os corpos e quebravam os ossos de todos os que se recusavam a crer na "branda misericórdia" dos inquisidores.

De acordo com a lei, a tortura só podia ser infligida uma única vez, mas esse regulamento era burlado. Quando queriam repetir a tortura, mesmo depois de alguns dias, infringiam a lei, não alegando que fosse uma repetição, mas simplesmente a continuação da tortura anterior. Esse jogo de palavras dava margem à crueldade e ao zelo desenfreado dos inquisidores.

12. As Taxas do Ato de Fé

Na Europa era costume cobrar uma taxa do acusado ou de seus familiares para cada ato bárbaro cometido contra o próprio, desde sua prisão até sua execução. As taxas eram estipuladas em *reichsthalers*, moeda vigente no Império Germânico:

- Para ser aterrorizado com a exibição dos instrumentos de tortura > 1
- Para ser açoitado na cadeira > 1
- Para ter os dedos ou as mãos cortados > 3
- Para ser morto na roda > 4
- Para ser queimado vivo > 4
- Para ser estrangulado e queimado > 4
- Para ter a língua decepada > 5
- Para ser decapitado e queimado > 5

13. A Inquisição no Brasil

No Brasil nunca existiu um tribunal do Santo Ofício ou da Inquisição, pois o país achava-se sob a competência do Tribunal de Lisboa, Portugal. Durante o século XVI, a Inquisição agiu discretamente. São conhecidos três processos e uma visita do Santo Ofício, sem graves consequências. Misturavam-se às vezes fatos reais de índole religiosa ou político-social com faltas graves, aparentes ou supostas, ou tendências perniciosas no campo religioso ou social. A Inquisição no Brasil foi extinta em 1774 e o Santo Ofício foi oficialmente transformado em tribunal régio, sem autonomia ou totalmente dependente da Coroa portuguesa.

Dados históricos, publicados na revista *Veja* de 13 de outubro de 1999, mostram que, entre 1749 e 1771, nove mulheres e quatro homens foram acusados de feitiçaria na cidade de São Paulo e encaminhados para a Santa Inquisição de Portugal. Segundo pesquisas realizadas pelo pastor doutor Aníbal Pereira dos Reis, existem arquivos de condenações em solo brasileiro de 721 mulheres e 1.098 homens.

14. A Loucura Tomando Conta

Foi estimado que, entre 1450 e 1800, vinte mil pessoas foram queimadas vivas em todo o mundo, por onde a Santa Inquisição passasse. A definição de Bruxaria era vaga e a condenação podia incluir qualquer fato, como marido farto da esposa, briga entre vizinhos ou até pessoas deficientes, pois tudo girava em torno da informação de quem provasse que uma pessoa era bruxa ou não. Além disso, a Igreja também reprimia o sexo, obrigando o homem medieval a ter, a cada ano, 160 dias de relações sexuais com a esposa, estimulando, assim, o sadismo e a brutalidade e criando um imenso manicômio.

15. A Bruxaria e a Bíblia

Na Bíblia, a distorção mais comum referente às bruxas está em Êxodo, capítulo 22, versículo 17: "A feiticeira não deixarás viver". Essa passagem foi traduzida inúmeras vezes. Em versões mais antigas do Livro de Êxodo o significado era: "Que a feiticeira não deixarás viver". Esse versículo em particular refere-se à feiticeira como envenenadora e assassina. O significado original era: "A assassina não deixarás viver", cuja palavra provavelmente foi confundida com "feiticeira", causando um mal-entendido até hoje. O antigo povo hebreu não marginalizava a prática da magia.

16. Bruxas Escondidas

É evidente que, com esse retrato da sociedade medieval, as bruxas gradualmente deixaram de ser aldeãs e foram banidas da sociedade. Elas começaram então a praticar sua arte silenciosamente e com muito cuidado, pois a última lei contra a Bruxaria só foi abolida em 1951 na antiga União Soviética (URSS). A partir daí, a comunidade intelectual começou a considerar a Bruxaria sob uma nova luz.

17. Renascimento da Bruxaria

A Bruxaria renasceu no século XX com um resgate romântico e um profundo amor à Natureza. Pessoas conhecidas, como *Sir* Walter Scott, afirmavam que a Bruxaria era real e que devia suas origens a tradições populares pré-cristãs. Nessa ocasião, Aleister Crowley e Gerald Gardner vieram à frente e a antiga imagem da bruxaria diabólica foi posta de lado.

18. Wicca e Bruxaria

A Wicca surgiu em 1954 por meio de Gerald Gardner, que resgatou uma filosofia religiosa específica. Como qualquer movimento religioso, ela incorpora muitas escolas e se divide em vários seguimentos.

A Bruxaria implica uma metodologia, principalmente no que se refere ao uso da magia. A maioria das bruxas aprendeu sua arte como parte de uma tradição familiar. Elas aprenderam um ofício.

É impossível que uma bruxa seja satanista porque o satanismo é baseado na mitologia cristã e tem seu foco em um ser chamado Satã. A Bruxaria e, em particular, a Wicca, são baseadas na história dos costumes celtas e nas práticas anglo-saxônicas, em que o demônio não tinha lugar porque os pagãos antigos não reconheciam a existência de uma fonte de mal maior.

20. Galhos de Uma Mesma Raiz

A Bruxaria é um caminho pessoal, livre de dogmas, que dá liberdade a quem deseje se aprofundar nos mistérios do Universo e encontrar suas próprias respostas. A experiência de cada um é a verdade pessoal da sua essência. Cada galho contém um foco diferente e nenhum deles é totalmente certo ou errado. Todos têm seus méritos e deméritos:

<u>Alexandrina</u>: Tradição fundada por Alex Sanders, bastante semelhante à garderiana. Sanders afirmava ter sua própria divisão da Bruxaria pelo fato de ter sido iniciado pela sua avó. Seu conhecimento anterior sobre magia cerimonial acrescentou pontos na evolução da Bruxaria. Na sua tradição, Sanders era chamado de *rei das bruxas*.

<u>Asatrus</u>: Seguidores dos Aesir, raça governante dos deuses da mitologia nórdica. Os asatrus quase sempre se voltam para a magia rúnica.

<u>Brujeria</u>: Tradição da América Central que não tem nenhuma ligação com a Wicca. Trabalham com a magia natural, com as ervas e os encantos, e curam por meio de remédios mágicos e populares.

Cabot: A bruxa Laurie Cabot estabeleceu duas tradições entrelaçadas em uma. A primeira é a Bruxaria como ciência e a segunda é uma tradição pré-garderiana, baseada na herança céltica e no seu próprio treinamento original, na sua memória genética e na sua inspiração.

Celta: Bruxaria praticada por meio de rituais, mitos e deuses célticos e druídicos.

Cerimonial: Tradição que une rituais cabalísticos, herméticos, maçônicos, alquímicos e outras facções.

Diânica: Ramificação da Wicca feminista que honra Diana, deusa da Lua e da caça na mitologia romana, conhecida como Ártemis na mitologia grega. Os *covens* são formados exclusivamente por mulheres.

Druidismo: Movimento pagão fundamentado nos ensinamentos dos druidas.

Eclética: São grupos de pessoas que não seguem nenhuma tradição específica, mas sentem-se livres para tomar emprestados aspectos de muitas tradições e culturas.

Egípcia: Bruxaria que resgata os mitos egípcios.

Fadas Radicais: Moderna tradição de *gays* sem estrutura rígida, porque utilizam apenas a alegria e o divertimento para desenvolver a espiritualidade.

Faery (mundo encantado das fadas): Tradição fundada por Victor Anderson, cujos rituais honram o mundo das fadas.

Garderiana: Dentro da linha religiosa da Bruxaria, é considerada a mais tradicional, cujo material foi extraído da própria experiência de Gerald Gardner. Essa tradição se espalhou nos Estados Unidos, Austrália e Europa, inclusive Grã-Bretanha.

Greco-romana: Bruxaria que trabalha exclusivamente com as deidades das mitologias grega e romana.

Magia do Caos: Fundada por Peter J. Carroll e inspirada por Aleister Crowley, ela incorpora a atitude de que tudo é válido porque acredita poder usar tudo para tudo, sem se apegar ao sistema.

Nova Era: Não é necessariamente uma tradição de magia, mas traz a habilidade de toda bruxa, que é viver em harmonia e cujo lema é *viva e deixe-me viver.*

Santeria: Tradição religiosa da África cujo culto é honrar os Orixás.

Seax Wicca: Tradição criada por Raymond Buckland, mais aberta e democrática na prática do que a alexandrina e a garderiana.

Solitária: São bruxas geralmente ecléticas, que não pertencem a nenhuma tradição e aprendem a Bruxaria por conta própria.

Stregheria: Bruxaria italiana, cuja tradição resgata o conhecimento de Charles Godfrey Leland.

Tradição Familiar: São os que receberam conhecimentos por meio de pessoas da própria família.

Verde: Ampla categoria de herboristas e bruxas de cozinha ou de magia natural.

Wicca Cristã: Embora muitos wiccans não aceitem esta tradição, ela está se tornando cada vez mais prevalecente, principalmente na Europa.

Xamanismo Wiccan: Criação de Selena Fox, que combina a Wicca com técnicas do xamanismo.

22. Os Celtas

O povo celta pertencia a um ramo indo-europeu que, por volta de 3000 a.C., saiu de sua terra natal, no oeste do Mar Negro. Os celtas eram conhecidos pela justiça de suas leis que, entre outras coisas, garantiam direitos às mulheres. Na cultura celta havia três níveis de reconhecimento: O rei era descendente de um herói ou líder guerreiro, reconhecido por sua capacidade bélica em batalhas; os guerreiros eram reconhecidos por sua habilidade de proteger e defender o clã; os fazendeiros, pastores e produtores eram pessoas comuns, mas necessárias para o sustento da vida diária. Separados do clã, mas constituindo parte dele, havia os sacerdotes druidas. O sacerdócio era dividido em três classes: Derwydd era o conselheiro-chefe; Ovydd era a classe dos profetas e adivinhos; Bardd era a classe dos poetas e mantenedores da Tradição.

A cosmogonia céltica e o sistema espiritual druidas influenciaram diretamente a Bruxaria em sua crença fundamental na Lei dos Três (ordem lógica da Tríade), que era a associação dos humanos com a Natureza, combinados com o Divino. Por causa da sua associação com a terra e os animais, os celtas eram mais cônscios da existência das energias sutis e do poder potencial dos fenômenos naturais.

Reflexão do capítulo 1

Devemos nos lembrar que, nos séculos passados, aqueles que queimavam bruxas e heréticos estavam repetindo exatamente o pecado que matou Jesus Cristo. A história cristã seria muito diferente se os cristãos se recordassem de que foi a motivação humana que os levou a matar o homem a quem consideravam o seu salvador.

Leituras sugeridas

- *A Bruxaria Hoje* – Gerald Gardner – Madras Editora
- *A Inquisição* – Michael Baigent – Editora Imago
- *Aradia – O Evangelho das Bruxas* – Charles Godfrey Leland – Madras Editora
- *As Bruxas e a Igreja* – Maria Nazareth Alvim de Barros – Editora Rosa-dos-Ventos
- *As Bruxas Noivas de Satã* – Jean Michel Sallmann – Editora Objetiva
- *Guia Prático da Wicca* – Lady Sabrina – Editora Novo Século
- *O Culto das Bruxas na Europa Ocidental* – Margareth Murray – Madras Editora
- *O Deus das Feiticeiras* – Margareth Murray – Editora Gaia
- *O Livro Completo de Wicca e Bruxaria* – Marian Singer – Madras Editora

- *O Significado da Bruxaria* – Gerald Gardner – Madras Editora
- *O Templo Interior da Bruxaria* – Christopher Penczak – Madras Editora

Filmes que abordam o assunto
- As Bruxas de Salém
- As Profecias de Nostradamus
- O Caçador de Bruxas
- Em Nome da Rosa
- O Poço e o Pêndulo

Capítulo 2

Pilares da Bruxaria Natural e Leis Complementares da Bruxaria Geral

Para começarmos a estudar Bruxaria e despertarmos a energia dentro do nosso ser, precisamos de chaves, as quais estão disponíveis em todos os momentos porque representam antigos princípios que são aceitos como universais. Essas chaves, num total de nove, são chamadas de *Pilares da Bruxaria*.

1. Tu farás tudo o que tiveres vontade, desde que não prejudiques ninguém

Sua liberdade termina no começo da liberdade do outro. Não podemos invadir a vida das pessoas, pois certamente não gostaríamos de ter a nossa vida invadida. Cada pessoa tem a sua livre escolha para seguir o caminho que desejar.

2. Tudo que fizeres voltará triplicado para ti

Dentro das diferentes linhas da Bruxaria, muitas delas trabalham com a lei tríplice, ou seja, tudo que fizermos voltará três vezes para nós, com uma força triplicada. Podemos explicar este Pilar pelo princípio da trindade, pois tudo o que se faz em magia contém a força do número três. Se eu penso numa pessoa, meu pensamento contém a minha força pensando, a força do próprio pensamento e a força de onde o pensamento chegará. Quando faço um feitiço, ele tem a minha magia, a magia da Natureza e a magia do objetivo da magia. Essas três energias saem juntas de mim e chegam juntas ao seu objetivo, mas voltam separadas para mim. Exemplo: Junto três bolinhas de pingue-pongue na minha mão e as jogo contra uma parede. As três bolinhas saíram juntas da minha mão, mas, ao baterem na parede, voltam separadas e com forças diferenciadas. Assim é a magia. Estes são apenas alguns dos muitos exemplos que existem, além de que há outras linhas que não pregam a lei tríplice, mas respeitam a lei de ação e reação.

3. Estarás sempre em equilíbrio com os quatro elementos e com todos os seres da Natureza

Aqui temos o princípio da paz interior, da tranquilidade e da serenidade que precisamos ter para viver bem. Devemos respeitar os quatro reinos da Natureza – mineral, vegetal, animal, humano – e os quatro elementos – água, ar, fogo, terra. Precisamos respirar mais profundamente antes de julgar ou culpar alguém, porque todos os nossos semelhantes têm razões de sobra para serem o que são e fazerem o que fazem. Portanto, tente se colocar no lugar do outro antes de tomar qualquer atitude.

4. Nunca negarás uma informação

Estamos no século XXI, o século das comunicações e da expansão do pensamento. Se você souber responder ao que uma pessoa lhe perguntar, terá a obrigação de falar. Não existe mais a necessidade de esconder nada porque já podemos clarear o oculto e deixar para trás o véu de mistérios. Lembre-se que você é responsável pela perpetuação das tradições.

5. Terás consciência de que o Universo se formou por meio de duas grandes forças

Só é possível gerar a vida com a união do feminino e do masculino. Um não é mais importante que o outro, mas os dois se completam para formar um terceiro, da mesma forma que o dia só se completa com a noite e só se acende uma lâmpada com dois fios, um positivo e um negativo. Um não é melhor que o outro e somente juntos ambos têm poder. Na magia hermética, a lei da polaridade ensina que o mundo é dual e os opostos são apenas dois extremos da mesma coisa. Sob esse ponto, notamos que o homem e a mulher são diferentes em vários aspectos, mas possuem um mesmo objetivo. Outra lei da magia hermética que complementa este Pilar é a lei do gênero, que diz que nenhum ser humano é totalmente masculino ou feminino. De acordo com a Física moderna, todas as coisas que produzem uma dinâmica precisam de uma energia masculina projetiva e de uma energia feminina receptiva.

6. Saberás ouvir teu próximo e respeitarás a evolução dele

Saber ouvir é uma demonstração de amizade e educação, e saber respeitar é uma prova de sabedoria. Cada ser humano se encontra em um determinado grau de evolução. Não somos melhores nem piores, somos apenas nós. Devemos sempre procurar ensinar o que sabemos a outras pessoas, desde que elas queiram aprender. Uma estação de rádio bem sintonizada pode ser ouvida sem interferências e ruídos. Escutar é um ato humano que reflete uma disposição interior. Peter Drucker dizia que "o verdadeiro comunicador é o receptor". Escutar é permitir o diálogo. Aqui deve ser lembrada a prática medieval de diálogo durante um debate. Enquanto um falava, o outro era obrigado a ouvir porque, antes de expor seu ponto de vista, precisava repetir a ideia do primeiro, com sua expressa aprovação, antes de dizer a sua resposta. Algumas pessoas têm o defeito quase físico de não escutar, e as consequências desse mau hábito são as discórdias.

7. Terás consciência de que nunca saberás tudo

Nossa vida é um eterno aprendizado porque estamos constantemente aprendendo coisas novas. Este Pilar completa o anterior, com a preocupação de nunca perdermos a humildade e, acima de tudo, nossa capacidade de aprender. Precisamos acreditar que aprendemos sempre com o nascer do Sol, com a claridade da Lua, com o brilho das estrelas, com a sabedoria do idoso ou com o sorriso da criança. Precisamos estar abertos a todas as formas de aprendizagem e também ter a humildade de dizer: "Isso eu não sei!".

8. Serás sempre alegre e passarás sempre tua alegria a todos os que te cercarem

Tudo o que ocorre conosco é resultado da energia que emitimos para o Cosmos. Se estivermos mal-humorados, em baixo astral, atraímos esse tipo de sintonia para a nossa vida. Por isso, precisamos estar sempre alegres e levar a nossa alegria a outras pessoas. Lembremos que o verdadeiro amor e a verdadeira felicidade são sentimentos que permitem deixar as pessoas e as coisas livres. Nunca devemos prender ninguém aos nossos desejos e convicções unicamente para nossa satisfação pessoal. Se a pessoa ou a coisa permanecer com você, é porque vocês foram feitos um para o outro. Caso contrário, é porque a pessoa ou a coisa não ia lhe fazer bem. Como diz minha mãe: "O que é do homem o bicho não come!".

9. Trabalharás com a Magia

Afinidade: Do latim *affinitas* ou *adfinitas, adfinitatis*, afinidade significa vínculo, identidade, atração, simpatia, coincidência ou semelhança de gostos, interesses ou sentimentos.

Compaixão: Do latim *compassio, compassionis*, designa comiseração, piedade. Compaixão é a qualidade de quem tem um sentimento piedoso e participa espiritualmente da infelicidade alheia, num impulso altruísta de ternura para com o sofredor e com o desejo de aliviar sua dor.

Coragem: Do francês *coeur > coração > coeur* + sufixo *age > courage > disposição nobre do coração*. Coragem designa ânimo, bravura, determinação, galhardia, hombridade, intrepidez, ousadia, perseverança, tenacidade e valentia. É a qualidade de quem tem grandeza de alma, nobreza de caráter, firmeza de espírito diante do perigo e dos riscos e capacidade de suportar dificuldades.

Disciplina: Do latim *disciplina, disciplinae*, significa observância dos preceitos e obediência às regras, em que a pessoa tem uma conduta imposta ou aceita democraticamente para acatar uma ordem conveniente e necessária, cuja finalidade é o bem-estar das pessoas e o bom andamento de quaisquer atividades individuais ou coletivas.

Discrição: Do latim *discretio, discretionis*, significa qualidade de quem é comedido, recatado, reservado, sensato, que não chama a atenção nem revela os segredos dos outros.

Estabilidade: Do latim *stabilitas, stabilitatis*, significa consistência, firmeza, segurança, solidez. É a condição do que ou de quem se mantém constante, invariável, equilibrado e imperturbável.

Higiene: Do grego *hugieinós*, a palavra *higiene* tem origem em Higeia, Higiia ou Higieia, deusa da saúde, da limpeza e do saneamento, na mitologia grega.

Paciência: Do latim *patientia, patientiae*, significa constância, perseverança. Paciência é a qualidade de quem espera com tranquilidade aquilo que tarda. É a virtude que consiste em suportar, com calma, os dissabores, os incômodos e as dificuldades da vida.

Prudência: Do latim *prudentia, prudentiae*, designa a pessoa que vê adiante, que costuma precaver-se, que se prepara antecipadamente. São quatro as virtudes cardeais: prudência, justiça, fortaleza e temperança. A prudência corresponde à sabedoria, ao equilíbrio e à precaução. A prudência dispõe a inteligência a discernir e a escolher o que convém na conduta da vida. É a qualidade daquele que, atento ao alcance de seus atos e palavras, procura evitar consequências desagradáveis. A justiça refere-se à dignidade e à igualdade de direitos e deveres. A fortaleza corresponde à coragem e à fé. A temperança refere-se ao autocontrole, ao autodomínio e à moderação.

Respeito: Do latim *respectus*, significa apreço, atenção, consideração, cortesia, deferência, reverência. É o sentimento que leva alguém a tratar outrem ou alguma coisa com grande atenção, de proceder de maneira respeitável, agir com compostura e ter uma postura digna.

Outros princípios que integram a Bruxaria Geral

Em complementação aos nove Pilares da Bruxaria Natural, vamos trazer ao nosso cotidiano as leis de Hermes Trismegisto, as quais fazem parte da Magia Cerimonial. Além de outras leis auxiliares, vamos conhecer também os sete princípios deixados por Hermes, dos quais já citei três dentro dos Pilares. Às leis de Hermes se dá o nome de Alquimia Hermética. O hermetismo diz respeito às ciências ocultas e ao saber místico, astrológico, alquímico, mágico e secreto, reservado a poucos por ser de difícil compreensão e interpretação.

LEIS HERMÉTICAS

1. O Princípio do Mentalismo

O Todo é mente. O Universo é mental – Este princípio diz que nós todos somos pensamentos da Mente Divina. Fomos criados pela Mente e podemos criar tudo pela mente. Afetamos diretamente tudo ao nosso redor com a nossa mente.

Exercícios práticos: 01. Entrando mentalmente num objeto; 02. Partindo uma nuvem.

2. O Princípio da Correspondência

O que está em cima é como o que está embaixo. O que está embaixo é como o que está em cima – Este princípio diz que o microcosmo tem correspondência com o macrocosmo. O que somos refletimos no Universo e o Universo reflete em nós, como o átomo e o nosso sistema solar. O DNA do ser humano é capaz de criar um novo ser. A correspondência é muito usada nas poções e nos rituais, nos quais se incluem as cores, as ervas, os planetas, as notas musicais e os elementos. Citamos aqui parte de um poema de William Blake: "Ver o mundo num grão de areia e o céu numa flor silvestre; conter o infinito na palma da mão e a eternidade numa hora".

3. O Princípio da Vibração

Nada está parado. Tudo se move, tudo vibra – Tudo no Universo está em movimento, tudo tem uma vibração. Nada está parado. Nada descansa. A matéria é uma vibração mais densa que a energia. Em *O Tao da Física*, Fritjof Capra explica que todos os objetos materiais do nosso meio ambiente são feitos de átomos e que "a enorme variedade de estruturas moleculares... não é energia rígida e imóvel, mas oscila de acordo com as respectivas temperaturas e em harmonia com vibrações térmicas do seu meio ambiente". A matéria não é passiva nem inerte, como nos pode parecer no nível material, mas cheia de movimento e ritmo. Ela dança.

Exercício prático: "Eu desejo vibrar em harmonia com..." (repetir 9 vezes).

4. O Princípio da Polaridade

Tudo é duplo, tudo tem dois polos, tudo tem seu oposto. O igual e o desigual são a mesma coisa – Os opostos são sempre os aspectos de uma mesma coisa. Todas as verdades são meias- -verdades. Cuidado com a associação do bom e do ruim, pois o princípio da polaridade nos diz que dentro do bom está o ruim e que dentro do ruim está o bom, como o yin-yang. A energia existe em escalas graduadas, não absolutas. Devemos lembrar que as energias vivas não são positivas ou negativas. Existem apenas graduações de energias mais sutis e refinadas e energias mais densas e pesadas. No mundo da magia, o que pode ser pesado para um, é leve para outro. Nosso objetivo na Bruxaria é encontrar o equilíbrio.

5. O Princípio do Ritmo

Tudo tem seu fluxo e refluxo. Tudo tem suas marés. Tudo sobe e desce – A lei do ritmo nos proporciona um importante vislumbre sobre como esses opostos se movimentam. Eles se movem em círculos. Tal como as ondas dos oceanos, o movimento linear que parece avançar, contém milhões de gotas de água, cada uma rodopiando em círculos. Mais uma vez o paradoxo dos opostos: As coisas não são o que parecem ser! As coisas recuam e avançam, descem e sobem, entram e saem, fluem e refluem, mas também giram em círculos e em espirais. Os sábios orientais ensinam que todos os opostos fluem juntos e interpenetram-se, e tudo se converte continuamente em seu oposto. O filósofo grego Heráclito de Éfeso dizia que tudo está em perpétua mudança, tudo está num contínuo estado de vir a ser, de devir, numa interação cíclica dos opostos.

Exercício prático: Observação das estações do ano em sua vida.

6. O Princípio do Gênero

O gênero está em tudo. Tudo tem seu princípio masculino e seu princípio feminino – Esta lei é uma importante aplicação da lei da polaridade. Ela é semelhante ao princípio *Anima* e *Animus* que Carl Jung e seus seguidores popularizaram, ou seja, cada pessoa tem aspectos masculinos e femininos, independentemente do seu gênero físico. Nenhum ser humano é totalmente masculino ou feminino. A lei do gênero fala acerca da força e da energia, pois em todas as coisas existe uma energia feminina receptiva e uma energia masculina projetiva, ao que os chineses chamam de yin-yang. Segundo a lei da polaridade, todas as coisas têm seus opostos e a Física diz que existe uma vitalidade dinâmica entre esses opostos. Portanto, as energias femininas e masculinas estão numa constante dança cósmica.

7. O Princípio de Causa e Efeito

Toda causa tem seu efeito. Todo efeito tem sua causa – Já abordamos este princípio no Pilar que fala sobre a lei tríplice. Nada acontece por acaso. Muitas coisas que parecem coincidências têm uma causa em algum lugar. Todos os seus pensamentos e sentimentos e todas as ações que você executa causam um efeito em você ou em outra pessoa ou outra coisa, pois não estamos isolados, mas ligados em uma grande teia.

Exercício prático: Abraçar uma árvore.

LEIS AUXILIARES

Lei Criadora: É a própria vida e, ao mesmo tempo, o que sustém e o que determina os caminhos pelos quais ela evolui. De acordo com esta lei, toda a existência universal perfaz a sua trajetória em ciclos ou etapas. Esta lei é também conhecida como Princípio Criador, ou seja, o impulso à manifestação.

Lei da Adaptabilidade: Exprime-se como adaptação sistemática de todo conhecimento disponível e de toda espécie de recursos para a finalidade em vista. Prepara o homem para receber o novo em sua vida. Permite que seu modo de pensar, sentir e agir vá ao encontro de necessidades grupais e coletivas de maneira harmoniosa. Quem se sintoniza com as facetas mais positivas desta lei, é maleável e aplica corretamente os atributos da inteligência ativa ao que se apresenta. É preciso adaptabilidade para que as transformações se realizem sem atrito e para que o ser humano se amolde sem dificuldades a circunstâncias inéditas.

Lei da Afinidade: O indivíduo consciente desta lei cuida do que pensa, sente e faz porque compreende que atrai vibrações afins com o que manifesta. A similaridade de energias e metas é parâmetro da lei da afinidade, que mostra seus aspectos superiores quando elas estão voltadas para o bem universal.

Lei da Associação: Associações como, por exemplo, o uso do dólar para atrair dinheiro.

Lei da Compaixão: Esta lei prepara o ser humano para contatar a vida divina, trazer luz à sua mente e consagrá-lo ao serviço impessoal. A ela se chega pela gratidão. Manter a consciência focalizada em estados de pureza e harmonia favorece o contato com o espírito e atrai essa qualidade, que descobre a verdadeira necessidade evolutiva dos seres.

Lei da Compensação: Também chamada de lei da retribuição, é um aspecto da lei do carma material que permite remanejamentos no destino dos seres, a fim de se adaptarem às conjunturas grupais e planetárias limitantes, sem prejuízo do seu processo evolutivo.

Lei da Consagração: Por esta lei, todos os seres e universos são levados a consagrar-se à meta que lhes foi designada no princípio da Criação. Está inserida na lei do retorno, pois a consagração é parte do caminho para a Origem. O ser humano se consagra quando sua interação com as energias da alma se plenifica e sua vida se volta por inteiro para a meta evolutiva. Esta lei está relacionada com o caminho iniciático, cujos graus sucessivos significam novos potenciais dela aplicados e consumados, com repercussões não apenas no indivíduo, mas em todo o reino humano.

Lei da Disciplina: É fundamental para estados sutis se instalarem na vida externa do ser humano. As forças da matéria, pela inércia que lhes é peculiar, tendem a estabilizar-se na vibração alcançada; alinhá-las com metas superiores requer aplicação da lei da disciplina. Por essa lei estabelece-se ordem no plano material e o indivíduo presta assistência espontânea aos semelhantes e aos seres dos demais reinos. A verdadeira disciplina se fundamenta no reconhecimento da necessidade de a vida evoluir e de se cooperar voluntariamente com essa evolução.

Lei da Economia: Determina o caminho de menor resistência para a realização do propósito evolutivo. Ao canalizar sua energia para a concretização de obras espirituais, sem dispersá-la em situações ou envolvimentos supérfluos, o ser humano cumpre a lei da economia.

Lei da Estabilidade: Permite ao indivíduo firmar a resolução inabalável de permanecer no caminho espiritual. Quando observada, essa lei exprime com fidelidade aquilo que, a cada momento, corresponde à necessidade interior genuína.

Lei da Harmonia: Os passos na senda ascensional levam em conta esta lei. Desde os mínimos atos, como a organização das tarefas diárias, até votos profundos da consciência, tudo se hierarquiza para exprimir a realidade interna.

Lei da Repulsão: Governa o mecanismo pelo qual os obstáculos à evolução são repelidos pela alma, quando esta já despertou para a realidade cósmica. As estruturas ilusórias, formadas por modos de pensar, sentir e agir, adotadas pelo ser humano no decorrer de encarnações sucessivas, a certa altura convertem-se em prisão para o eu interior. Havendo íntima disposição para transformar-se e evoluir, algo novo acontece: pela lei da repulsão, a alma transmite uma energia que destrói tais estruturas.

Lei da Ressonância Vibratória: Só o ruído externo, sobretudo o de formas pensamento e o de formas astrais, gera nódulos no plano psíquico planetário, que devem ser removidos. É buscando compreender os mecanismos pelos quais esta lei se exprime e agindo em conformidade com eles, que o ser humano pode auxiliar no restabelecimento da harmonia planetária. Considerável ajuda é quando o silêncio externo se instala, mas imensamente maior é a prestada quando também se aquietam os corpos emocionais e mentais. O silêncio e a paz são uma necessidade que nutre de energia superior a existência concreta.

Lei da Seleção: Quando o ser humano ascende a novos patamares espirituais, precisa aprender a sintetizar energias e, para isso, seleciona não só as vibrações que emite, mas aquelas com que interage, o que faz sob a regência desta lei. Tal discernimento é requerido dos que se abrem ao serviço, pois devem separar o útil do que deve ser suprimido. Pela lei da seleção, a consciência tanto inclui quanto exclui; aprende a superar-se ao descobrir o valor de se ater apenas ao necessário.

Lei da Sincronia: A sincronicidade é uma palavra usada por Carl Jung para descrever as coincidências, como, por exemplo, a consulta a um oráculo.

Lei da Sintonia: Tudo o que ocorre com o ser humano é consequência da sintonia em que se mantém. Isso significa que uma mesma ação pode ter efeitos diversos. Embora a consciência do homem abranja faixas vibratórias que vão do nível físico concreto ao divino, cada indivíduo se relaciona com o Universo naquela com a qual está sintonizado.

Lei da Transcendência: Ajuda o indivíduo a enfocar a mente de modo correto, fazendo com que o natural seja absorvido no sobrenatural e que uma só vibração, superior e divina, prevaleça. Sempre existe no ser humano a possibilidade de transformações profundas, e é apoiada nela que a lei da transcendência age. Porém, para que essas transformações se efetivem, é preciso que ele não retroceda e tenha firmeza suficiente para não sucumbir às forças que o atraem para o ultrapassado.

Lei da Translação: Promove a mudança dos átomos para níveis cada vez mais sutis. Permite ao homem penetrar, com sua consciência externa normal, realidades supranormais antes intangíveis. Em alguns casos, propicia a levitação porque alinha a substância material com a vibração de mundos suprafísicos.

Lei do Amor: Atua permanentemente, atraindo cada partícula para o seu destino superior. Alimenta a chispa divina e revela, no íntimo dos seres, sua ligação com a Vida Única. Permite surgirem lampejos a iluminar-lhes o Caminho, trazendo-lhes a certeza da direção a seguir e a fortaleza para vencer obstáculos. Estimula a integração da consciência humana com esferas sutis e encaminha-a para a união cósmica. Desperta seus potenciais magnéticos, faz emergir nela a compreensão da realidade interna subjacente aos fatos e firma o seu destino. Enfim, capacita o ser humano a expressar a energia correta para cada momento e ver além das aparências.

Lei do Simbolismo: O uso do símbolo como linguagem da mente e da alma.

Reflexão do Capítulo 2

A Natureza é colorida; logo, sendo a Bruxaria um equilíbrio com a Natureza, deve conter todas as cores.

Leitura sugerida

- *Bruxas de Verdade* – Ana Elizabeth Cavalcanti da Costa – Editora Berkana
- *O Livro Completo de Wicca e Bruxaria* – Marian Singer – Madras Editora
- *Paganismo* – Joyce & River Higginbotham – Madras Editora

Capítulo 3

O Encontro com os Elementais e Rituais Rápidos de Harmonização e Equilíbrio

Os Elementais

Muitas pessoas me perguntam se realmente acredito na existência desses pequenos seres. E eu, sem pestanejar, respondo que sim. Infelizmente, há pessoas que creem apenas naquilo que seus olhos podem ver porque não têm sensibilidade para sentir. Ainda bem que, na história da humanidade, existiram pessoas sensíveis que se dispuseram a estudar esses seres e o mundo sutil em que vivem.

Sabemos que tudo o que existe em nosso planeta é formado da composição básica de quatro elementos. Você sabe quais são eles? Se responder "ar, água, fogo, terra", merece nota 10. Mas você sabe como os estudiosos chegaram a essa conclusão?

Compreendendo os Elementais

Voltemos no tempo para compreender o pensamento dos nossos ancestrais. Na verdade, a origem do ser humano se perde nas brumas do passado. Cada época e cada povo, inclusive os

Elementais

O Encontro com os Elementais e Rituais Rápidos 43

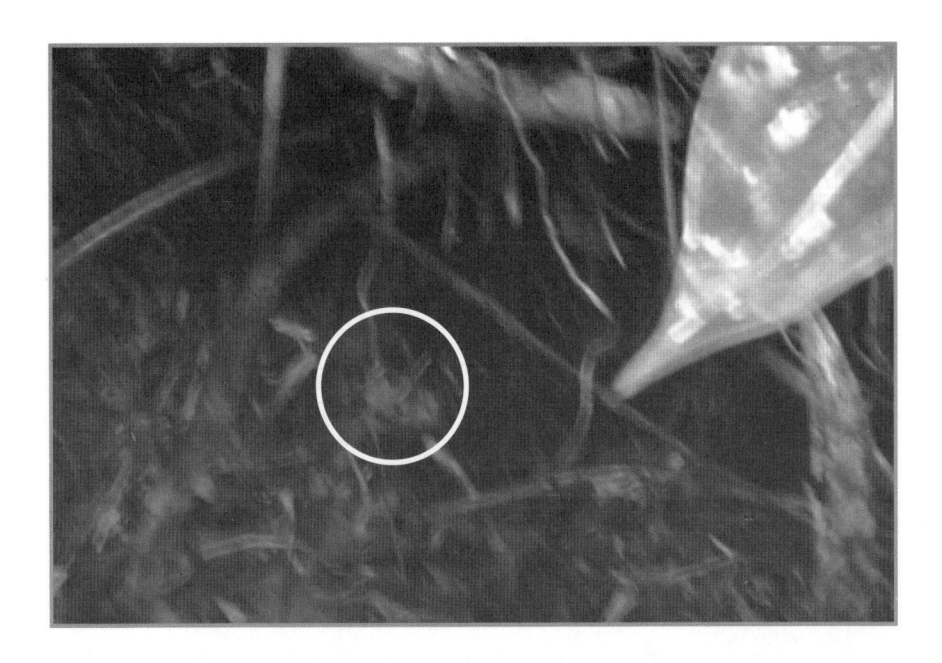

mais primitivos, tiveram o seu mito de criação. Para o homem da Antiguidade, o céu era a morada dos deuses. As constelações, formadas de incontáveis astros, transformaram-se na figura desses deuses. A Natureza possuía ao todo quatro elementos básicos, chamados pelo homem primitivo de *raízes*. Para o povo celta, o Universo era formado de três elementos: céu, terra e mar. Os quatro elementos eram a água, o ar, o fogo e a terra, e todas as transformações da Natureza seriam o resultado da combinação desses quatro elementos, que depois se separavam novamente um do outro. Durante a Idade Média surgiu a Alquimia, misto de magia e experimentação prática para se fazer descobertas sobre a Natureza. Foi a partir da Alquimia que a teoria dos quatros elementos tomou forma e ganhou inúmeros pesquisadores, conhecidos como alquimistas.

Phillipus Aureolus Theophrastus Bombastus von Hohenheim, mais conhecido como Paracelso, nasceu em 17 de dezembro de 1493 em uma pequena cidade próxima a Zurique, Suíça, e faleceu na Áustria em 24 de setembro de 1541. Era alquimista, astrólogo, filósofo, físico, médico, químico e ocultista. Ele foi o primeiro indivíduo a realizar estudos sérios sobre os pequenos seres que, segundo ele, habitavam os quatro elementos. Paracelso dizia que esses elementais eram de carne e osso e possuíam duas naturezas, uma física e uma espiritual; que se movimentavam dentro do elemento ao qual pertenciam e se privavam do contato com os elementais dos outros elementos. Foi assim que Paracelso estabeleceu a sua classificação:

- Elementais do elemento água: ondinas;
- Elementais do elemento ar: silfos;
- Elementais do elemento fogo: salamandras;
- Elementais do elemento terra: gnomos.

A complementação da classificação de Paracelso veio do Egito, da Índia e da China:

- Elementais do elemento água: ninfas e sereias.

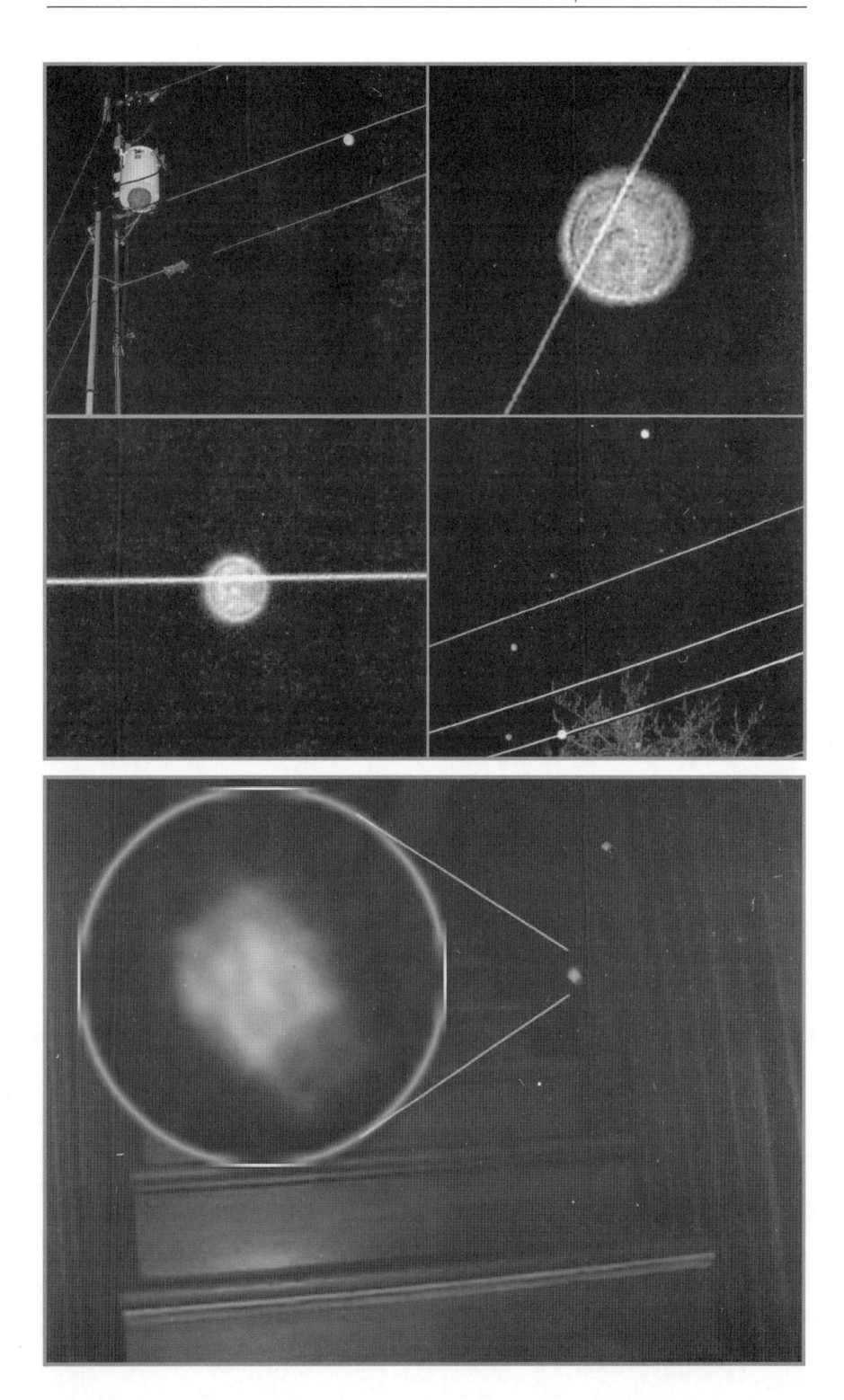

O Encontro com os Elementais e Rituais Rápidos 45

- Elementais do elemento ar: fadas e hamadríades, que representavam os deuses, mas muitas vezes eram adoradas e reverenciadas como espíritos da Natureza.
- Elementais do elemento terra: duendes.
- Além desses, ainda existem outros tipos de seres elementais, como os dragões, os elfos, os goblins, os trolls e os uldras.

Os Elementos e seus Mistérios

A calma e a paciência são as qualidades necessárias para quem deseja contatar os elementais dos quatro elementos. Em muitas mitologias esses seres nascem da lama, o ar lhes dá o sopro da vida e o fogo lhes é fornecido por seres que revolucionam a ordem estabelecida (*prometeu a serpente que daria o fruto da árvore do conhecimento*). Há uma razão na localização dos elementos nos quatro pontos cardeais:

- A água está associada ao Oeste e simboliza a morte e a imersão no inconsciente;
- O ar está associado ao Leste e simboliza o nascer do Sol, quando, todas as manhãs, o prana se fortalece e a vida se renova;
- O fogo está associado ao Norte e simboliza o calor que vem do hemisfério norte para o hemisfério sul;
- A terra está associada ao Sul e simboliza o frio e o recolhimento.

Elementais Artificiais

De acordo com vários estudos esotéricos, o ser humano pode criar elementais artificiais com a força do pensamento e da vontade. Segundo o livro *O Mago de Strovolos*, de Kyriacos C. Markides, Editora Pensamento, esses elementais têm vida própria, como qualquer outra forma de vida, e podem ter uma experiência independente daquela que os projetou, pois o ser humano pode criar várias formas de pensamento, inclusive os elementais artificiais, que são vampiros sexuais chamados de íncubos e súcubos. Os íncubos são espíritos malignos masculinos que copulam com

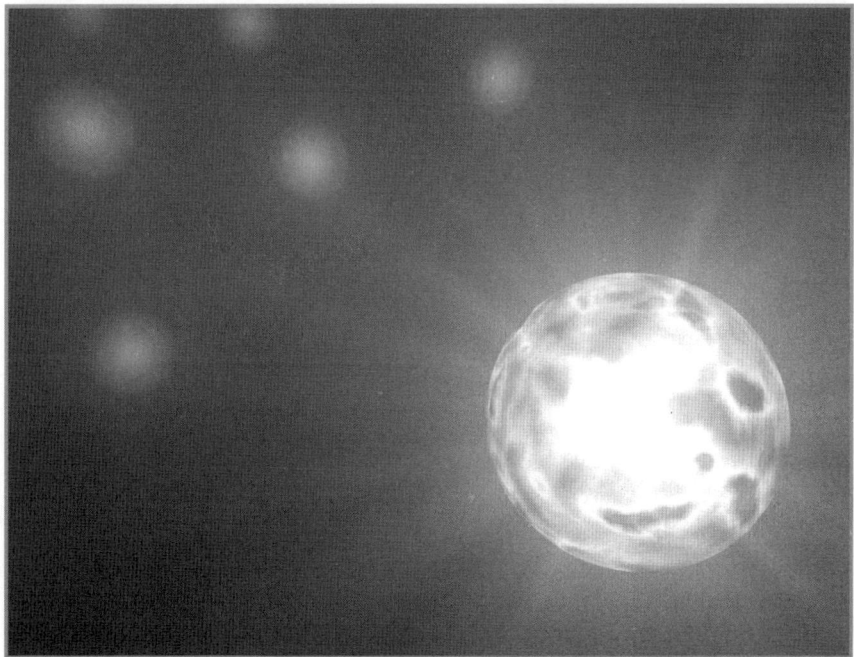

O Encontro com os Elementais e Rituais Rápidos   47

mulheres. *Íncubo* vem do latim *incubus, incubi* e significa *estar deitado(a) sobre.* Os súcubos são espíritos malignos femininos que copulam com homens. Súcubo vem do latim *succuba, succubae* e significa *estar deitado(a).* O ser humano pode vibrar por meio do pensamento e do sentimento, e qualquer pensamento ou sentimento que ele projetar criará um elemental artificial. Há dois tipos de elementais artificiais: os provenientes dos desejos-pensamentos e os provenientes dos pensamentos-desejos.

É o modo como o indivíduo vibra que determina o tipo e a quantidade de elementais que ele cria. Quando ele vibra primeiro por meio do sentimento, está sujeito ao impacto dos desejos e emoções e, a partir daí, seu pensamento passa a desempenhar um papel subserviente. Os elementais de desejos-pensamentos têm vida própria, forma e poder. Flutuam e vagam no mundo etéreo e podem tomar a forma de animais, como cobras e ursos. As crianças frequentemente veem essas formas durante o sono e têm pesadelos. Segundo o autor Markides, os elementais não podem ser dissolvidos até terem cumprido as tarefas para as quais foram criados. Por esta razão, devemos estar preparados para encarar as consequências dos nossos pensamentos e ações, pois os elementais criados por nós nos manterão responsáveis por eles não só nesta vida, mas também nas nossas futuras encarnações.

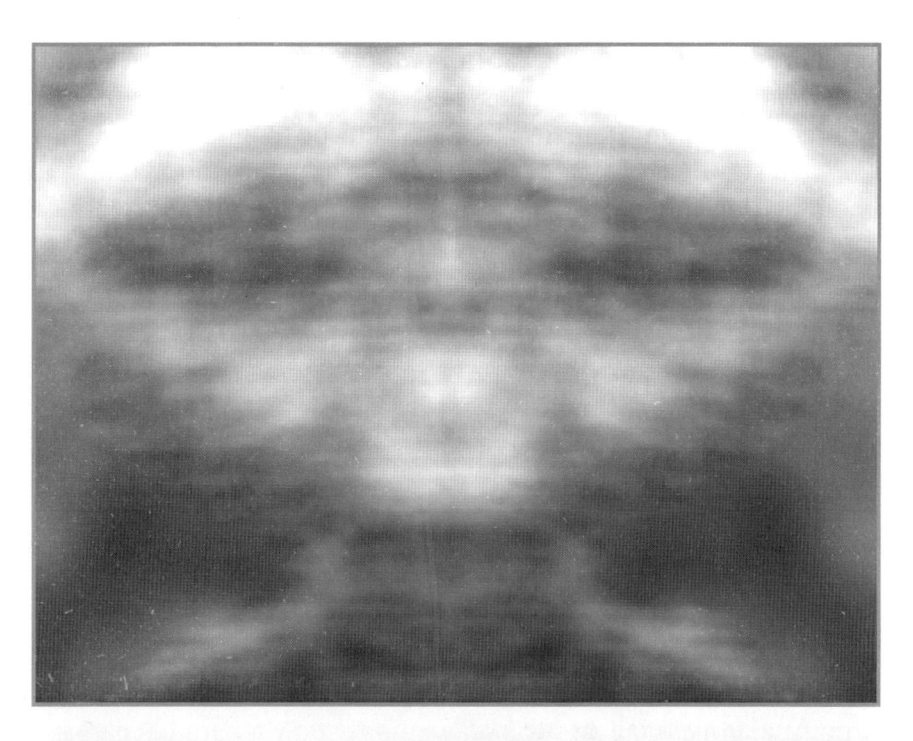

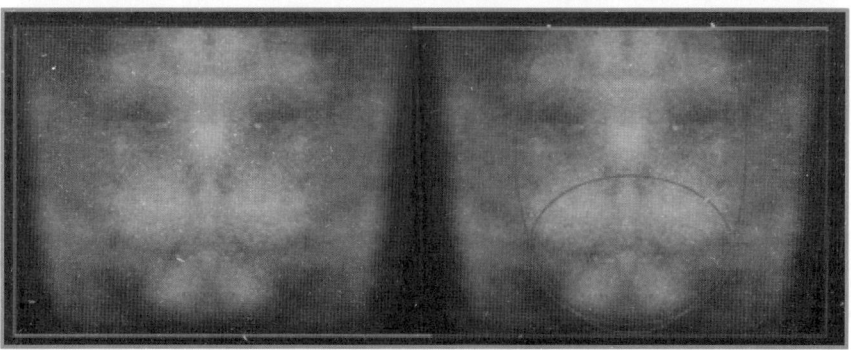

Atenção! Aviso importante!

Nos rituais, lembre-se que seu respeito e sua concentração são fundamentais para que possa ocorrer a transmutação dos seus pedidos, os quais devem ser específicos e feitos somente quando você realmente tiver necessidade. Ao trabalhar dentro da Natureza para aquilo que é ético e positivo, você sempre receberá em troca amor, saúde e felicidade. Sempre que fizer algum pedido, lembre-se de agradecer mesmo antes de ser atendido(a).

ELEMENTO ÁGUA

O elemento água é protegido pelas ondinas e sereias. A água é o elemento da purificação, da absorção, da germinação, do subconsciente, do amor e de todas as emoções. Assim como a água é fluida, que muda incessantemente de um nível para outro, assim também são as nossas emoções, que se movimentam constantemente. O subconsciente é simbolizado pela água porque está sempre em movimento, como o mar que nunca descansa, seja dia ou noite.

Objetivos dos Elementais da Água

- Cuidar do equilíbrio da emoção, da intuição e da sensibilidade
- Ensinar a curar
- Ensinar a delicadeza
- Estimular a natureza romântica
- Despertar a imaginação criativa
- Ajudar a vencer os medos

Correlações do Elemento Água

Animais: Todas as criaturas da água e todas as aves do mar, como botos, focas, golfinhos, peixes

Árvore: Salgueiro

Cores: Azul, cinzento, índigo, preto, verde, verde azulado

Deusas: Afrodite, Ísis, Tiamat

Deuses: Dylan, Netuno, Osíris, Poseidon

Direção cardeal: Oeste

Época da nossa vida: Maturidade

Espírito: Ondinas governadas pelo rei Niksa

Estação: Outono

Ferramentas: Caldeirão, cálices e taças

Hora: Crepúsculo

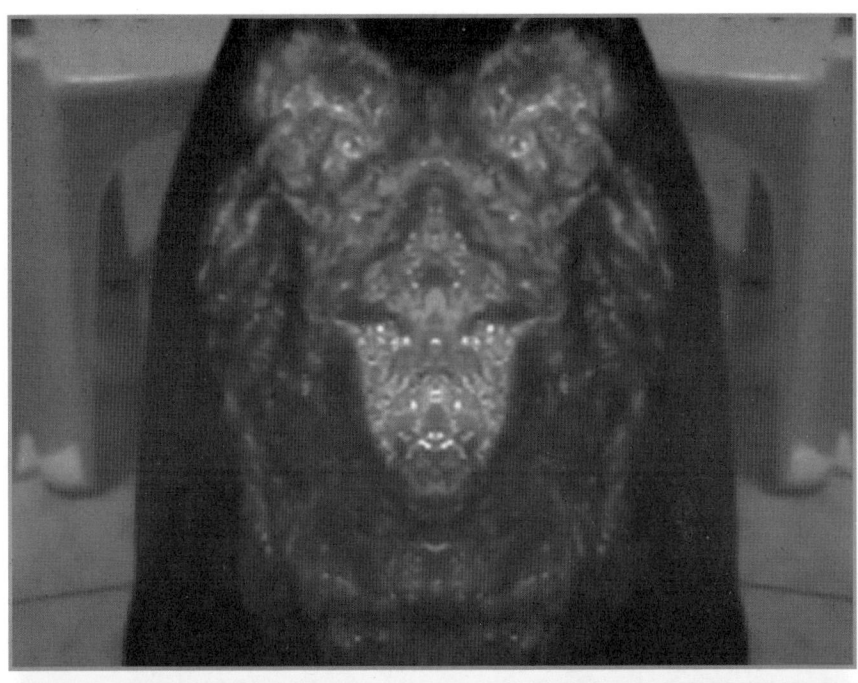

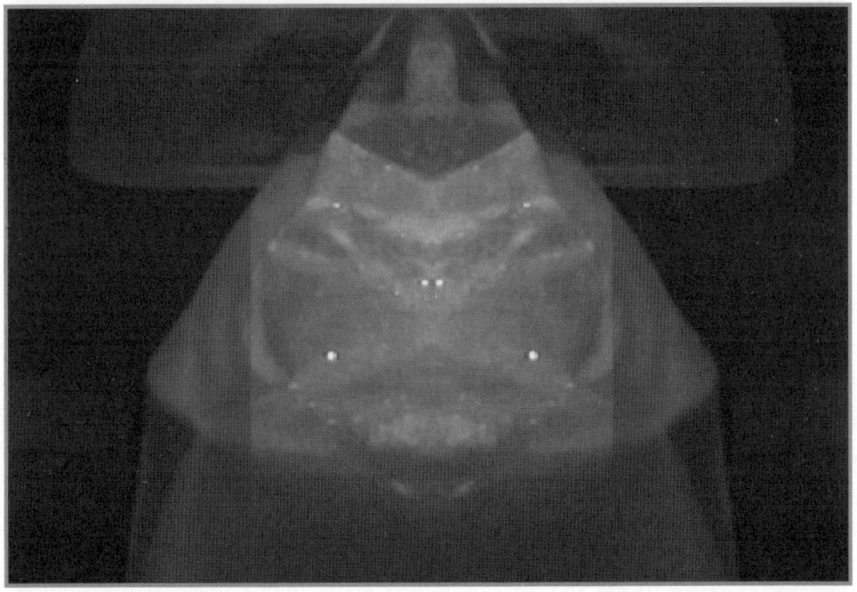

O Encontro com os Elementais e Rituais Rápidos 51

Incenso: Mirra

Instrumentos: Canto harmônico, carrilhões e cordas

Joia: Água-marinha

Lugares: Banheiras, camas, chuveiros, fontes, lagos, marés, oceanos, piscinas, poços, praias, rios, spas

Nome do vento: Zéfiro

Plantas: Todas as plantas aquáticas, como alga marinha, junco, lótus, samambaia

Regência: Amor, coragem, córregos, emoção, fertilidade, inconsciente, lagoas, lagos, marés, nascentes, oceanos, ousadia, poços, rios, sentimento, tristeza, útero

Representantes: Ondinas

Sentido: Paladar

Signos: Câncer, Escorpião, Peixes

Símbolos: Água, chuva, conchas, fontes, lagos, neblina, oceanos, poços, rios

Trabalho Ritual com o Elemento Água

Amizade, amor, busca da visão, casamento, comunicação com o mundo espiritual, coragem, correntes e marés da vida, cura, cura de si mesmo, emoções, eu interior, felicidade, fertilidade, geração, inconsciente, intuição, jornadas, plantas, poder de ousar e purificar as coisas, prazer, psique, purificação, reflexão, sabedoria interior, segurança, sentimentos, simpatia, sonhos, sono, ternura, tristeza, ventre, visão interior.

Rituais Rápidos de Harmonização – Água

Para entrar em contato com o elemento água e se harmonizar com ele, você deve:

- Pisar, com os pés descalços, numa vasilha com água fresca e cristalina (escalda-pés)
- Cantar no chuveiro

- Brincar na chuva ou mesmo com a água de uma mangueira
- Contemplar uma cachoeira, um rio ou o mar
- Mergulhar, nadar
- Pedir desculpas
- Contar histórias
- Procurar um grupo
- Demonstrar afeto

ELEMENTO AR

O elemento ar é protegido pelos silfos. O ar é masculino, ativo, expansivo e seco. Ele é o elemento do intelecto e a realidade do pensamento, que é o primeiro passo para a criação. É ele que governa a concentração e a visualização e é o elemento que se sobressai nos locais de aprendizagem, onde pensamos, ponderamos e teorizamos, além de ser também usado para auxiliar no desenvolvimento das faculdades psíquicas. Magicamente, o ar é a clara, pura e perfeita visualização, poderosa ferramenta para a mudança, pois ele é o impulso que lança a visualização na direção da concretização. O ar governa os feitiços e os rituais que ajudam a encontrar coisas perdidas, a descobrir mentiras e que envolvem viagens, instrução, liberdade e obtenção de conhecimento. Feitiços ligados ao ar geralmente incluem o ato de se colocar um objeto no ar ou de se deixar cair um objeto do alto de uma montanha ou de outro lugar alto, para que o objeto realmente se conecte fisicamente com o elemento ar. O ar governa o Leste porque esta é a direção da luz maior, da luz da sabedoria e da conscientização. Sua cor é o amarelo do Sol e da aurora celeste. O ar também governa a magia dos quatro ventos e a maioria das magias adivinhatórias.

Objetivos dos Elementais do Ar

- Cuidar do equilíbrio dos pensamentos
- Atuar na resolução de um negócio ou de uma situação preocupante
- Despertar a sabedoria

- Realçar a oratória
- Estimular a telepatia e a clariaudiência
- Aumentar a força de vontade

Correlações do Elemento Ar

Animais: Pássaros, especialmente as águias e os falcões

Árvore: Álamo-tremedor

Cores: Amarelo vivo, branco, branco azulado, carmim, pastel

Deusas: Aradia, Arianhod, Cardeia, Nuit, Urani

Deuses: Enlil, Khephera, Mercúrio, Shu, Toth

Direção cardeal: Leste

Época da nossa vida: Infância

Espírito: Silfos governados pelo rei Paralda

Estação: Primavera

Ferramentas: Athame, espada, turíbulo

Hora: Amanhecer

Incenso: Olíbano

Instrumentos: Athame, espada, incenso

Joia: Topázio

Lugares: Aeroportos, agências de viagens, bibliotecas, céu nublado, escolas, escritórios, praias ventosas, topo de colinas, topo de montanhas, torres altas

Nome do vento: Euros

Plantas: Milefólio, mirra, olíbano, prímula, violeta

Regência: Aprendizagem abstrata, conhecimento, mente, montanhas expostas ao vento, picos de montanhas, planícies, praias ventosas, respiração, teoria, todos os trabalhos intuitivos, mentais e psíquicos, torres altas, ventos

<u>Representantes</u>: Silfos

<u>Sentido</u>: Olfato

<u>Signos</u>: Gêmeos, Libra, Aquário

<u>Símbolos</u>: Árvores, brisa, céu, ervas, flores, nuvens, plantas, respiração, vento, vibração

Trabalho Ritual com o Elemento Ar

Aprendizagem abstrata, audição, começos, conhecimento, crescimento intelectual, discussões, habilidade de saber e entender, habilidades psíquicas, harmonia, iluminação, inspiração, instrução, liberdade, meditação zen, memória, mente, pensamento, recuperação de coisas perdidas, respiração, revelação da verdade, saber os segredos dos mortos, telepatia, todo trabalho intuitivo, mental e psíquico, vento, viagem.

Rituais Rápidos de Harmonização – Ar

Para entrar em contato com o elemento ar e se harmonizar com ele, você deve:
- Caminhar com os pés descalços nas primeiras horas da manhã
- Sentir a brisa acariciando o seu rosto nas primeiras horas da manhã
- Acender incenso
- Silenciar
- Cantar
- Fazer exercícios de consciência respiratória
- Ler, dar aulas, fazer palestras
- Soltar pipas
- Sacudir objetos no ar ou pendurá-los ao vento
- Suspender ferramentas em lugares altos
- Soprar objetos leves enquanto visualiza energias positivas
- Deixar que o vento leve folhas, flores, ervas ou papéis picados

ELEMENTO FOGO

O elemento fogo é protegido pelas salamandras. As salamandras são elementais que têm o poder de desencadear e transformar tanto as emoções positivas como as negativas, porque o fogo tanto é ativo e energético como destruidor. Segundo os especialistas, as salamandras parecem bolas de fogo que podem atingir até seis metros de altura, e suas expressões, quando percebidas, são rígidas e severas.

Objetivos dos Elementais do Fogo

- Equilibrar a coragem, o entusiasmo, o vigor e os bons empreendimentos
- Atuar no trabalho e na espiritualidade
- Realçar as paixões
- Auxiliar a enxergar o que precisa ser destruído
- Ajudar a reconhecer as leis de causa e efeito
- Fortalecer os relacionamentos sexuais

Correlações do Elemento Fogo

Animais: Cavalos, cobras, leões

Árvore: Amendoeira em flor

Cores: Carmesim, dourado, laranja, vermelho

Deusas: Brigit, Héstia, Pele, Vesta

Deuses: Agni, Hefestos, Hórus, Prometeu, Vulcano

Direção cardeal: Norte

Época da nossa vida: Mocidade

Espírito: Salamandras governadas pelo rei Djin

Estação: Verão

Ferramentas: Bastão e turíbulo

Hora: Meio-dia

Incenso: Olíbano

Instrumentos: Harpa e lira

Joia: Opala

Lugares: Academias de ginástica, campos de atletismo, desertos, dormitórios, fontes termais, fornos, lareiras, saunas, vulcões

Nome do vento: Notos

Plantas: Cebola, hibisco, papoula vermelha, urtiga

Regência: Calor, chama, chama de velas, cura, desertos, destruição, energia, erupções, espírito, explosões, fogueiras, lareiras, purificação, sangue, seiva, Sol, vida, vontade, vulcões

Representantes: Salamandras

Sentido: Visão

Signos: Áries, Leão, Sagitário

Símbolos: Arco-íris, estrelas, larvas, relâmpagos, Sol, vulcões

Trabalho Ritual com o Elemento Fogo

Amor, aprendizagem, artes, autoconhecimento, autoridade, calor, chama, consciência corporal, coragem, criatividade, cura, destruição, energia, erupções, espírito, eu superior, evolução, exercícios físicos, explosões, fé, fogueiras, força, iluminação, lareiras, lealdade, liberdade, mudança, paixão, percepção, poder, proteção, purificação, refinamento, sangue, sexualidade, Sol, sucesso, transformação, velas, vida, vigor, visão, visão interior, vitalidade, vontade, vontade de ousar.

Rituais Rápidos de Harmonização – Fogo

- Para entrar em contato com o elemento fogo e se harmonizar com ele, você deve:
- Acender uma vela nas primeiras luzes do Sol
- Dançar ao redor de uma fogueira
- Correr
- Rasgar papéis
- Fazer banho de óleo

- Criar
- Queimar
- Acender pequenas fogueiras
- Passar no meio da fumaça ou derreter um objeto

ELEMENTO TERRA

O elemento terra é protegido pelos duendes, faunos e gnomos. Os gnomos são seres que conhecem todos os segredos do planeta Terra e do Cosmos. A palavra *gnomo* significa *anão sem idade definida que, segundo a Cabala, vive no interior da Terra e tem a guarda de seus tesouros em pedras e metais preciosos.* Paracelso usava o termo latino *gnomus*, calcado no grego *genómos* > habitante da terra, ou no grego *gnomes* > *bom senso, conhecimento, julgamento, reflexão*, ou mesmo provavelmente do francês *gnome* > *pequenos gênios que habitam a terra.*

Designação do termo *gnomo* usada na língua de diversos países:
Alemão: Heinzelm nnchen
Búlgaro: Djudje
Checoslovaco: Skritek
Finlandês: Tonttu
Flamenco: Kleinmanneken
Holandês: Kabouter
Inglês: Gnome
Irlandês: Gnome
Norueguês: Tonte O nisse
Polonês: Gnom
Russo: Domovoi djedoesjka
Sérvio/croata: Kippec/patuljak
Sueco: Tontebisse O nisse

Objetivos dos Elementais da Terra

- Responsabilizar-se pela filtração de energias dos ambientes
- Responsabilizar-se pelo armazenamento de energias positivas
- Cuidar do equilíbrio da prosperidade
- Abrir oportunidades para o sucesso

- Ajudar a desenvolver maior atenção no ser humano
- Estimular a alegria nas atividades terrenas
- Despertar o respeito por todas as formas de vida
- Ensinar a driblar as influências desfavoráveis do tempo

Correlações do Elemento Terra

Animais: Bois, cobras, vacas

Árvore: Carvalho

Cores: Branco, marrom, preto, verde

Deusas: Ceres, Deméter, Gaia, Perséfone, Rea, Rhiannon

Deuses: Adonis, Arawn, Athos, Cernunnos, Dionísio, Pã

Direção cardeal: Sul

Época da nossa vida: Velhice

Espírito: Gnomos governados pelo rei Gob

Estação: Inverno

Ferramenta: Pentagrama

Hora: Meia-noite

Incenso: Benjoim

Instrumentos: Chocalhos, gongos, percussão, sinos, tambores e metais em geral

Joia: Cristal de rocha, sal

Lugares: Abismos, buracos, campos cultivados, canyons, cavernas, cozinhas, creches, fazendas, florestas, jardins, minas, montanhas, parques, porões, tocas, vales

Nome dos ventos: Bóreas e Ophion

Plantas: Arroz, aveia, cevada, hera, milho, trigo

Regência: Bosques, campos, construções, corpo, crescimento, criatividade, cristais, dinheiro, grutas, joias, metais, montanhas, morte, nascimento, Natureza, ossos, rochas, silêncio, sustentação

Representantes: Cristais e plantas

Sentido: Tato

Signos: Touro, Virgem, Capricórnio

Símbolos: Campos planos, cavernas, gemas, minas, montanhas, rochas, solos

Trabalho Ritual com o Elemento Terra

Abundância material, conservação, corpo, crescimento, cristais, cura, dinheiro, empatia, emprego, ensino, estabilidade, estruturas, fertilidade, força de vontade, força física, forças da Natureza combinadas, ganho material, incorporação, joias, metais, mistério, morte, nascimento, negócios, noite, ossos, pedras, prosperidade, rendição, riqueza, rochas, runas, sabedoria prática, silêncio, sucesso, sustentação, tesouros, toque.

Rituais Rápidos de Harmonização – Terra

Para entrar em contato com o elemento terra e se harmonizar com ele, você deve:
- Ficar com os pés descalços sobre a terra, de preferência após o meio-dia
- Caminhar ao ar livre com os pés descalços
- Preparar e comer a própria comida
- Fazer massagens
- Trabalhar com argila
- Segurar um cristal
- Banhar-se com terra
- Deitar e rolar na terra
- Enterrar, plantar

Geometria Sagrada

O princípio do elemento água é o crescente prateado.

Pedido aos Elementais

Pedido ao Elemento Água*

Somos o sangue de Gaia!
Nossas moléculas estão dentro de todos os filhos dela.
Somos leves e, em nosso interior, existe plena alegria.
Podemos servir a todos os elementos, até mesmo ao nosso irmão fogo.
Umedecemos a nossa irmã terra, refrescamos o nosso irmão ar.
Somos tão leves que, com a ajuda do nosso irmão fogo, nos tornamos nuvens.
Carregamos a memória das eras e redesenhamos os céus com todas as cenas das eras.
Somos tenebrosas porque podemos encher os rios e fazê-los transbordar.
Somos tenebrosas porque podemos nos tornar chuvas violentas.
Somos tenebrosas porque podemos nos transformar em gigantescas ondas.
Ouçam, homens! Estamos aqui para servir ao Criador e a vocês!
Na forma de nuvens, permitimos que o céu fertilize a terra.
Na forma de mares, abrigamos as muitas vidas que ainda povoam a Terra.
Na forma de rios, lagos e nascentes, lembramos que a Terra é a grande alquimista.
Só ela sabe o segredo de tirar água de pedra e de tornar salgado o doce e doce o salgado.
Estamos aqui desde antes de vocês.
Ainda que nos poluam com seus dejetos, nós nos regeneraremos!
Comunguem conosco, bebam de novo as nossas moléculas e agradeçam de novo a todas nós.
Somos o sangue de Gaia! E se o sangue dela está doente, quanto estará o de vocês?

Temos a cura, mas já não sabemos se ainda vale a pena mostrá-la.

Orem conosco! Levantem-se todos os seres aquáticos!

Cantem das profundezas dos mares, dos rios, dos lagos, das lagoas, das grutas,

E de cada canto onde existamos.

Cantem o seu canto de cura.

Limpem os males que o homem criou.

Limpem o seu sangue.

Limpem todas as impurezas.

Lembrem aos homens para que nos reverenciem de novo.

Varram com suas águas as imundícies que depositaram em nós.

Que seu canto acaricie cada ser que ainda sofre sob o império da ganância e do poder.

Limpem cada mínimo pedaço deste planeta com o seu canto de amor.

Ensinem de novo ao homem o amor.

Façam desabrochar, a partir do seu sangue, o amor.

Somos o berço e acalentamos seus sonhos desde a gravidez.

Esperamos por vocês para partilharmos os nossos segredos.

Esperamos o retorno do amor aos seus corações.

Nós somos o amor!

O princípio do elemento ar é o círculo azul.

Pedido ao Elemento Ar*

Sou a alma dos ventos! Sou o sopro da vida!

Estou em todos os lugares e nunca sou visto,

Mas meu poder é temido, pois sou a fúria dos furacões!

No entanto, hoje sou aquele que carrega a dor.

Antes carregava os ares da Natureza e hoje carrego com eles a morte.

Levo gases tóxicos até onde minhas forças me possibilitam.

A radioatividade vaza e eu a arrasto por onde for possível.

Hoje carrego as doenças que o homem cuidou de despertar com sua noção de progresso.

O homem fez de mim o seu aliado na devastação inconsequente a que se entrega com fúria.
Sou o sopro da vida e agora também o da morte.
Sou a fúria dos furacões e o silêncio macabro da toxicidade.
Tornei-me um doente a contaminar tudo e todos com os males da mente humana.
Em lugar de prestigiar o brilho da inteligência, sou agora o arauto da insanidade.
Humanos... Seres humanos...
Sou a personificação da inteligência.
Sou como a espada que corta os liames que nos atam a tudo o que é retrógrado.
Aprendam comigo a insuflar vida ao planeta.
Limpem suas mentes e se lembrem de ser portadores de boas-novas.
Lembrem-se de ouvir os espíritos.
Cultuem os espíritos ou, ao menos, demonstrem respeito por eles.
Meus ventos continuarão a soprar em todas as direções
Seus fétidos produtos e suas destrutivas ideias.
Manterei seus narizes ocupados com sua ignorância,
Até que entendam o mal que estão fazendo a si e aos outros,
Até que entendam o valor da vida.
Não sou vingativo!
Esta é apenas a única maneira que tenho para acordar suas consciências.
Estou cansado de ver sua imprudência infligir dor ao próximo.
Estou cansado de ver a morte chegar através dos meus sopros, mas não por culpa deles.
Sou filho da Natureza e, como todos os outros filhos da Natureza,
Zelo pela vida e pela morte.
Mas nossas ações não são gananciosas nem visam ao poder ou ao domínio.
Somos criaturas que vivem em harmonia com as vibrações do Universo.
Nossos atos obedecem às leis maiores.

Sabemos que, ao destruirmos, daremos origem a algo novo,
Mais belo e adequado ao novo padrão que se instala.
Não somos movidos por paixões insanas.
Somos apenas servos do Criador.
Não nos diferenciamos em nada dos seres humanos,
Então peço aos homens que reflitam melhor sobre os seus atos.
Usem a inteligência para cortar seus vínculos com a destruição.
Criem vida de novo!
Nós somos vitais para vocês, e o elemento ar mais ainda.
Respirem o ar com amor e poderão ser inspirados por mim.
Eu carrego os espíritos e posso fazer a ponte entre eles e vocês.
Vamos partilhar o nosso amor!

O princípio do elemento fogo é o triângulo vermelho.

Pedido ao Elemento Fogo *

Sou o fogo!
Sou fogo em todos os sentidos.
Do Sol eu desço e das profundezas da Terra me lanço.
Derreto tudo e refaço e recombino tudo.
Nunca estou quieto e nunca sou o mesmo.
Nos raios, nos relâmpagos, nos vulcões, onde houver chama eu sou o brilho.
Meu brilho tem sido copiado e usado erroneamente pelos humanos.
Suas bombas e demais artefatos cospem morte!
Eu também mato, mas só o que precisa ser banido ou transformado.
Não mato por esporte nem para mostrar a força que, na verdade, não tenho.
Sou forte, e mesmo minha irmã água pode sumir com a minha presença, se for necessário.
Sou as paixões que ardem em seus corações.
Sou o sentimento que habita seus corações.

Sou o destemor, o espírito da aventura que faz do seu lar o coração.
Sou a coragem de ousar, sou a chama do amor.
Sou a destruição na forma de raios ou vulcões.
Eu limpo para trazer novas formas de vida.
Queimo o que precisa ser purificado.
Sou a inspiração que os espíritos precisam.
Não sou ignorante nem me arvoro o mais sábio dos seres.
Não sou tolo nem me faço passar por um.
Humanos, somos todos habitantes do mesmo Universo!
O que os faz pensar que são os donos do mundo?
Acaso podem superar um de nós, os elementos?
Não notam que jogamos seu jogo apenas para mostrar o quanto estão errados?
Será que precisarão ver a morte para redescobrir o valor da vida?
Nossas repetidas investidas, usando seus próprios modelos de vida, não os alertam?
Será que suas invenções são mais importantes do que vocês?
Por acaso, ainda acham que podem viver de lata, de plástico?
Será que o Criador lhes deu este planeta para que o destruam?
Para que fabricar tanta coisa inútil que poucos utilizarão? Para aumentar o ódio?
O fogo do ódio corrói, o fogo do amor purifica!
Convoco todos os seres do fogo para que seus corações humanos voltem a brilhar.
Convoco todos os seres do fogo para que seus espíritos voltem a inspirar suas ações.
Convoco todos os seres do fogo para que purifiquem o planeta.
Em nome de todos os elementos, convoco todos os seres para que iluminem os humanos.
Façam com que percebam que seus atos os levam cada vez mais para a destruição e a dor.
O amor é ainda o maior de todos os remédios.
Amem novamente e terão suas doenças curadas!
Iluminem-se, humanos!

O princípio do elemento terra é o quadrado amarelo.

Pedido ao Elemento Terra*

Sou a terra!
Meu nome e o do planeta se confundem.
Dos homens eu sou o corpo.
Junto com minha irmã água formo o sangue do corpo humano e de muitos outros seres.
Dou força, dou estabilidade.
Todos os seres me procuram para, em mim, construir suas moradias.
Sou o chão, as paredes, as montanhas e o leito das águas.
Não tenho fúria, mas me movo lentamente em forma de placas.
Temem meu movimento, mas é assim que renovo a superfície.
Não obedeço a nenhuma lei, a não ser a do Criador.
Sou a abundância da vida.
De mim nascem as plantas e em mim muitos seres se abrigam e se reproduzem.
Tenho várias cores e curo todos os males.
Sei toda a história que aconteceu sob o meu antigo olhar.
Em minhas formas deixo escapar trechos dessa história.
Conto tudo apenas àqueles que têm amor.
Homens, acordem!
Muito do seu corpo é feito de mim, mas vocês cospem em mim seus dejetos.
Retiram impiedosa e descontroladamente partes e mais partes de mim.
Levo milhares de anos para crescer e vocês levam apenas alguns anos para me devorar.
Vocês me devolvem minhas partes totalmente contaminadas e desfiguradas.
Usam meus filhos para sujar meus irmãos água e ar.
Seus atos sufocam e empobrecem meus filhos.
Tenho muito para lhes dar, tenho muito a lhes falar.

Ouçam todos os meus filhos e saberão o segredo da abundância.

Posso mostrar-lhes meus tesouros, mas só se seus corações estiverem plenos de amor.

Trago o ouro que embeleza as almas, trago a riqueza que cura seus corpos.

Sou seu tesouro e lhes espero para partilhar com vocês minha riqueza.

Sou a matéria.

Ao aprenderem a tocar em mim, verão desabrochar toda a minha abundância.

Irmãos da Terra!

É chegada a hora de limpar do solo o sangue derramado pela cobiça dos homens.

Das areias dos desertos às profundezas dos mares e aos mais altos cumes.

Que a abundância seja trazida de volta, a abundância da vida!

Que os seres possam novamente se abrigar em meu seio e nele encontrar a saúde.

Que os venenos derramados pelo homem sejam transformados
E nunca mais habitem nossas entranhas.

Que o homem reaprenda o valor que a vida tem, pois seu maior tesouro é a vida.

Que respeite todos os nossos irmãos que habitam o seu corpo.

Que entenda que não pode escravizar por tanto tempo os nossos irmãos.

Que entenda que habita nele o seu maior tesouro.

A terra ensinará ao homem o caminho da abundância!

*Textos retirados da internet; desconheço o autor.

Meditação com os Elementos

Elemento água – meditação com o copo de água
Elemento ar – meditação com o incenso
Elemento fogo – meditação com a chama da vela
Elemento terra – meditação com o cristal

Trabalhando magicamente com as cores das velas

Cada cor de vela tem uma finalidade energética específica. A vela é um dos instrumentos de focalização da sua energia até o *self*, isto é, até si mesmo(a). Ela é usada também para representar a Deusa e o Deus, os quatro pontos cardeais – Norte, Sul, Leste, Oeste, e os quatro elementos – água, ar, fogo, terra.

Amarela: Simboliza a energia solar, a ação, a criatividade, a inspiração, o intelecto, as mudanças súbitas e a unidade. Nos rituais, aumenta o poder de concentração e de imaginação. Essa vela é usada em feitiços que envolvem aprendizagem, atração, charme, confidências e persuasão, além de ajudar a quebrar bloqueios mentais e a estimular os estudos. Dia: domingo.

Amarelo-clara ou dourada: Simboliza a energia solar, ativa a compreensão e atrai as influências dos poderes cósmicos da Deusa e dos poderes divinos masculinos. Essa vela é usada em rituais e feitiços para afastar a negatividade, encorajar, trazer estabilidade e atrair dinheiro ou sorte com rapidez.

Azul: Cor espiritual utilizada em rituais para atrair harmonia, luz, paz, saúde e bons sonhos. É usada em magias que envolvem bondade, conhecimento, estabilidade, honra, projeção astral, proteção durante o sono, tranquilidade e verdade, e em feitiços que envolvem calma, compreensão, criatividade, estabilidade no emprego, fidelidade, harmonia no lar, paciência, poderes ocultos, proteção, sabedoria e sonhos proféticos. Dia: quinta-feira.

Azul-clara: Cor espiritual que irradia a energia do signo de Aquário. Essa vela é usada para sintetizar situações, atrair paz e tranquilidade para o lar e ajudar durante a meditação de devoção e de inspiração.

Azul-royal: É a cor da alegria e da jovialidade. É usada para atrair a energia de Júpiter ou qualquer outra energia que se queira potencializar.

Branca: Por ser o branco a mistura de todas as cores, a vela branca é usada para fazer todo e qualquer pedido, inclusive quando se desconhece a cor correspondente ao pedido. É usada em rituais que envolvem alinhamento espiritual, adivinhação, exorcismo e meditação, e em feitiços que envolvem alto astral, energia lunar, clarividência, consagração, cura, força espiritual, limpeza, paz, poder, pureza, saúde, totalidade e verdade. Dia: quarta-feira.

Cinzenta: É uma cor neutra que ajuda na meditação. Na magia, essa cor simboliza confusão, mas também neutraliza as forças negativas.

Índigo: Simboliza a energia de Saturno. A cor índigo é usada para equilibrar o carma e em rituais que requerem um elevado estado de meditação. Sendo a cor da inércia, ela tem o poder de deter pessoas ou situações, neutralizar magias lançadas por outrem e quebrar maldições, mentiras e competições indesejadas.

Laranja: Usada em rituais para estimular a energia e a criatividade e alcançar justiça, metas profissionais e sucesso.

Marrom: Usada em rituais para aumentar o equilíbrio e a força material e atrair o poder de decisão, o sucesso financeiro, a concentração nos estudos e a telepatia. Usada também em feitiços para proteger os familiares e os animais domésticos e localizar coisas perdidas.

Prateada ou cinza-clara: Atrai a energia da Grande Mãe e dos poderes divinos femininos. Usada em rituais em honra às deidades do Sol e em rituais para remover a negatividade, encorajar a estabilidade, desenvolver as faculdades psíquicas e ajudar na meditação. É usada em feitiços para atrair o poder das influências cósmicas e a vitória.

Preta: Atrai a energia de Saturno e simboliza o desdobramento, a discórdia, a libertação, a proteção e a reversão. A cor preta é usada em rituais para afastar o mau-olhado, limpar a negatividade, repelir a magia negra e formas mentais negativas, abrir os níveis do inconsciente e induzir ao estado de meditação.

Púrpura ou Roxa: Atrai a energia de Netuno e é usada em rituais que envolvem a cura e as manifestações psíquicas. É também utilizada em feitiços que envolvem adivinhação, idealismo, honra, poder, progresso, proteção, quebra de má sorte, contato com entidades astrais e para afastar o mal. Dia da semana: quarta-feira.

Verde: Usada em rituais para atrair a cura e a sorte e em feitiços que envolvem abundância, ambição, casamento, crescimento, dinheiro, equilíbrio, fertilidade, finanças, generosidade, harmonia, prosperidade, rejuvenescimento, saúde, sorte e sucesso.

Verde-esmeralda: Importante componente nos rituais venusianos, essa cor é usada em rituais para atrair o amor e a fertilidade e estimular as relações sociais.

Verde-escura: Como a verde-escura é a cor da ambição, do ciúme, da cobiça e da inveja, a vela de cor verde-escura atrai as influências dessas forças durante os rituais.

Vermelha: Atrai as energias dos signos de Áries e Escorpião. Usada em rituais que envolvem amor, aumento de magnetismo, coragem, energia, fertilidade, força, paixão, potência sexual, saúde e vontade de poder. Ela serve também para se atingir metas e afastar o medo, a preguiça e o desejo de vingança.

Oráculo da chama da vela

Acenda uma vela, visualizando um pedido ou uma pergunta para a qual deseja uma resposta.

- Se a vela não acende imediatamente: O seu astral pode estar baixo e o elemental pode não estar querendo responder à sua pergunta;
- Se a chama da vela tem cor azulada: O elemental está perto de você;
- Se a chama da vela é intermitente, piscante ou vacilante: Seu pedido será atendido, mas sofrerá modificações;
- Se a chama da vela solta fagulhas: Você encontrará alguém que vai lhe ajudar a realizar seu pedido;
- Se a chama da vela assume a forma espiralada: Seu pedido será atendido;
- Se o pavio da vela está repartido ou a vela possui mais de um pavio: O elemental não compreendeu o seu pedido;

- Se a vela chora muito: A realização do seu pedido será difícil, mas não impossível;
- Se a vela se apaga: Esqueça a sua pergunta ou o seu pedido.
- Se sobrar restos da vela, refaça mais uma vez o seu pedido ou a sua pergunta.

Cristais

Círculo de Pedras

Se desejar mudar a energia de um objeto, como uma joia ou o que for, apanhe um punhado de pedras de alta vibração, em número ímpar, e forme com elas um círculo sobre uma mesa, no chão, ou ainda melhor, na terra. Escolha um lugar onde as pedras possam permanecer pelo menos um dia inteiro. Assim que as pedras estiverem arrumadas, coloque o objeto a ser carregado bem no centro do círculo. Isso é tudo o que você deverá fazer, porque as pedras, por si mesmas, farão sua magia, enviando fortes vibrações ao objeto colocado no centro do círculo. Se desejar fortalecer o poder do encantamento, desenhe a runa apropriada em cada pedra antes de formar o círculo, o que permitirá que o objeto seja impregnado de energias específicas. Exemplo: Se um anel for dado a alguém que você ama, desenhe nas pedras as runas do amor e da proteção para assegurar que o receptor do anel seja banhado de vibrações de amor e proteção.

Pote de Pedras

Encha uma jarra ou um pote velho com pedras de baixa vibração e mantenha-o em um lugar escondido de sua casa, onde jamais seja visto ou tocado. As pedras espalharão suas baixas energias por toda a casa, trazendo calma e paz. Seu lar será feliz e você ficará livre de grandes problemas e embaraços.

Saco das Sete Pedras

Este encantamento requer sete pedras de alta ou baixa vibração, e cada uma deverá ser de uma cor: amarela, branca, laranja, marrom, preta, verde e vermelha. Seria melhor se você sozinho(a) conseguisse encontrar essas pedras. Os leitos dos rios são lugares excelentes para procurá-las. Se isso não for possível, compre-as então. Ponha as pedras dentro de uma bolsa feita com um pedaço de pano natural, tingido de amarelo. O tecido de algodão é excelente. Quando desejar ter uma breve visão do futuro, apanhe a bolsa e, sem olhar, retire uma das pedras. Ela revelará as condições atuais e futuras:

Amarela: lições e sabedoria
Branca: paz e tranquilidade
Laranja: sorte
Marrom: objetos, posses e presentes
Preta: negatividade
Verde: amor e dinheiro
Vermelha: discussões e paixão

Cristais especiais para cada caso

Abundância e prosperidade: Aventurina, diamante, esmeralda, jade, malaquita, topázio amarelo

Adivinhação: Ágata, azurita, hematita, lápis-lazúli, obsidiana, olho-de-tigre, pedra da lua

Amor espiritual: Crisoprásio, kunzita, larimar, quartzo-róseo, turmalina rosa

Angústia e falta de espaço: Esmeralda

Comunicação: Água-marinha, topázio azul, topázio imperial, turquesa

Cura: Água-marinha, cristal de quartzo

Intuição: Ágata-musgosa, água-marinha, lápis-lazúli, pedra da lua

Meditação: Ágata-de-fogo, azurita, cornalina, safira

Mediunidade: Azurita, quartzo fumê

Memória: Calcita

Proteção: Turmalina negra

Pureza e fidelidade: Diamante

Regressão: Azurita, jaspe marrom, malaquita, variscita

Sonhos: Calcedônia, malaquita, pérola, safira

Transformação: Ametista

Dependendo da necessidade, a pedra, sua cor e sua lapidação podem influenciar. Exemplos:

- Mudar mental e espiritualmente, modificando todas as imperfeições que se carrega, e buscar o caminho da iluminação perfeita: Uma ametista em forma de estrela de seis pontas que, na tradição judaica, representa a ascensão, o corpo de luz;
- Preocupação com os estudos, especialmente no período de provas, exames e vestibulares: Um amuleto em forma de margarida, em cujo centro haja um topázio amarelo que representa o Sol, a ação e a energia necessária, e cujas pétalas sejam feitas com calcita para fortalecer a memória. Se não conseguir criar o amuleto, monte uma mandala.

Teste das fadas

Há duas maneiras de descobrir o elemento que mais pode auxiliar você: uma é pela astrologia, por meio do seu signo solar, e a outra é pela primeira vogal do seu nome. Consulte a tabela a seguir para saber qual é o seu elemento:

Vogal	Elemento	Elementais	Signo Zodiacal
A	Éter	–	éter é a junção de todos os elementos
E	Ar	Silfos	Gêmeos, Libra, Aquário
I	Fogo	Salamandras	Áries, Leão, Sagitário
O	Água	Ondinas	Câncer, Escorpião, Peixes
U	Terra	Gnomos	Touro, Virgem, Capricórnio

Incensos

O incenso age como um talismã ambiental, podendo inclusive higienizar e proteger o ambiente. Antigamente as pessoas queimavam incensos para conseguir conquistar as boas graças dos deuses, pois acreditavam que, dessa forma, seus pedidos chegavam mais depressa até eles.

Abeto: Combate a fadiga

Absinto: Combate o nervosismo

Acácia: Estimula a busca espiritual

Agreste: Estimulante e antidepressivo

Água-fresca: Combate a dificuldade de concentração

Alecrim: Combate a apatia, o cansaço mental e a indecisão

Alfazema: Ajuda a combater o estresse e a acalmar

Algas: Combate a ansiedade e a tensão

Almíscar: Estimula a paciência e o raciocínio

Aloé: Combate a apreensão e o nervosismo

Âmbar: Afrodisíaco e fortificante

Amêndoas: Combate a insônia e seus males

Andiroba: Combate a preguiça

Angélica: Fortalece a compreensão e a paciência

Anis: Combate a apreensão e a vertigem

Antifumo: Purifica o ar e restaura as vibrações energéticas

Antimagia: Retira as energias negativas

Arruda: Combate a depressão, o medo e a tensão

Artemísia: Estimula a concentração e o raciocínio

Axé: Proporciona bem-estar físico e mental

Axyris: Atrai o (a) parceiro (a) ideal

Azarrô: Fortalece o poder de sedução

Bálsamo: Combate a irritabilidade
Baunilha: Combate a depressão e as atitudes impulsivas
Benjoim: Limpa o ambiente de energias negativas
Bergamota: Relaxante
Bouquet: Combate a frieza emocional
Cajepute: Combate a apatia e o desânimo
Calandre: Combate a insônia e é relaxante
Calêndula: Combate o desânimo e estimula a fé
Calma: Indicado para dor de cabeça, estresse e insônia
Camomila: Estimula o raciocínio e é calmante
Cananga: Afrodisíaco
Canela: Aguça a intuição e o raciocínio
Cânfora: Proporciona a limpeza energética do ambiente
Capim: Proporciona a sensação de frescor e tranquilidade
Cardamomo: Controla o comportamento explosivo
Cedro: Fortalece o corpo e a mente e traz vitalidade
Cenoura: Limpa a mente e estimula a reflexão
Cereja: Afrodisíaco
Cipreste: Ajuda a esquecer as más recordações
Citronela: Tranquilizante
Citrus: Combate a depressão e o nervosismo
Copaíba: Estabiliza as fortes emoções
Cravo: Acalma e estimula a reflexão
Cravo e canela: Proporciona bem-estar físico e mental
Dama-da-noite: Estimula a sensualidade
Energia: Combate o cansaço e o estresse
Erva-cidreira: Combate a timidez e estimula a autoconfiança

Erva-doce: Calmante

Ervas finas: Fortalece a sensibilidade

Espiritual: Fortalece a religiosidade e a prática da oração

Eucalipto: Dá disposição para o desempenho das tarefas diárias

Floral: Combate a angústia, o medo e a raiva

Flor de laranjeira: Quebra o estresse causado pela rotina

Flor de pitanga: Fortalece o estado emocional

Flor-do-campo: Combate a apatia e o desgosto

Flor-do-nepal: Combate a depressão e estimula a reflexão

Frenesi: Afrodisíaco e relaxante

Funcho doce: Espanta as crises existenciais e a depressão

Gardênia: Restaura a paz e protege a alma

Gengibre: Combate o cansaço e a fadiga

Gerânio: Combate o cansaço mental e estimula a coragem

Grapefruit: Aguça a imaginação

Harmonia: Traz equilíbrio energético ao ambiente

Herbal: Combate a insegurança e a tensão

Hora íntima: Estimula a sensualidade

Hortelã: Traz ânimo e disposição

Hortelã-pimenta: Estimula a criatividade

Ilangue-ilangue: Fortalece a espiritualidade

Indígena: Ameniza pequenos males

Infantil: Estimula a afetividade

Ipê-roxo: Estimula a concentração

Jaborandi: Traz bem-estar e atrai energias positivas

Jasmim: Fortalece a afetividade e o amor

Kashmir: Dá um ar de sensualidade ao ambiente

Lama negra: Controla a euforia demasiada
Lavanda: Combate a agitação e a insônia
Lima: Traz calma e autocontrole
Limão: Afasta o cansaço e a preguiça
Limette: Traz ânimo e disposição
Lírio: Estimula a criatividade e a presença de espírito
Lótus: Estimula a renovação espiritual
Maçã: Dá disposição para o desempenho das tarefas diárias
Maçã verde: Estimula a autoconfiança
Macela: Energiza o ambiente positivamente
Madeira: Conforta e ampara
Manjericão: Fortalece a memória e o raciocínio
Maracujá: Estabiliza o estado emocional
Marine: Estimula a criatividade e a personalidade
Mel: Ajuda a superar mágoas e rancores
Melaleuca: Traz sensação de bem-estar
Melissa: Combate a apreensão e a insônia
Menta: Controla as atitudes impulsivas
Mil-flores: Purifica o ar
Mirra: Estimula a intuição e o bom senso
Morango: Estimula a sensualidade
Moscatel: Energizante e aguçador da criatividade
Musk: Traz sensualidade ao ambiente
Narciso: Traz afetividade e amor
Olíbano: Estimula a paciência
Ópium: Relaxante físico e mental
Paco: Combate a agressividade e estimula o raciocínio

Palmarosa: Combate a insônia

Papaia: Energizante e traz disposição

Patchuli: Antidepressivo

Pau-rosa: Ajuda a combater o desânimo e a mágoa

Pêssego: Aumenta a sensualidade e a vitalidade

Petit-grain: Estimula a memória

Phebo: Combate a depressão e o estresse

Pinho: Combate o esgotamento físico e mental

Primavera: Combate o medo, o pânico e a raiva

Querubim: Fortalece os relacionamentos em crise

Raízes: Estimula a capacidade intuitiva

Rosa branca: Protege contra energias negativas

Rosa musgosa: Afasta a dificuldade de concentração e a preguiça

Rosas: Aproxima e reconcilia

Sálvia: Traz equilíbrio entre a mente e o corpo

Sândalo: Estimula a meditação

Sésamo: Combate a insegurança e o medo

Sete-ervas: Atrai energias positivas

Silvestre: Evita o nervosismo e as vertigens

Stileto: Reacende os relacionamentos

Sucesso: Traz vibrações positivas

Talco: Estimula a concentração

Tangerina: Fortalece a memorização

Tomilho: Restaura o equilíbrio emocional

Tulasi: Afasta lembranças negativas

Uva: Afrodisíaco

Verbena: Estimula o bom humor e ajuda a superar as mágoas

Vetiver: Energiza o ambiente positivamente

Vivre: Traz alegria e felicidade

Zimbro: Estimula a renovação transcendental

Reflexão do Capítulo 3

"O bem e o mal não existem; é o pensamento que os cria."

William Shakespeare

Leitura Sugerida

- *Bruxaria Natural I – Escola de Magia* – Tânia Gori – Editora Alfabeto
- *Guia das Bruxas Sobre os Fantasmas e o Sobrenatural* – Gerina Dunwich – Madras Editora
- *Manual de Bruxaria* – Livro Eletrônico – Editora Zetek Formação de Altar – Instrumentos Mágicos – Tabelas de Apoio

Capítulo 4

Instrumentos Mágicos

Formação do Altar

O que é um altar? É um ponto de canalização energética entre a bruxa e o Universo. É o espaço sagrado para a bruxa repor suas energias e limpar seus pensamentos e seu estresse. O que é preciso para se montar um altar? Apenas a representação dos quatro elementos. A água pode ser representada por um cálice com água, um regador, uma torneira, uma fonte, ou objetos de cor azul ou verde-escura; o ar por sinos dos ventos, incenso, penas, objetos leves ou objetos de cor branca; o fogo por uma vela, um braseiro ou objetos de cor laranja ou vermelha; a terra por cristais, um vaso com planta, um pote com terra rica ou objetos de cor marrom, verde-escura ou crua. Esses artigos sugeridos podem ser feitos à mão, improvisados ou comprados, da forma que você quiser. Laurie Cabout, uma bruxa de Salém, diz: "Não há nada de errado em se comprar artigos de magia, pois normalmente quem os faz são magos e bruxas, e você estará ajudando na alimentação dos nossos amigos".

Para montar seu altar, escolha um lugar tranquilo de sua casa onde possa meditar sossegada, pois o altar deve ser um local sagrado não só para a reflexão, mas também para você ter contato com o seu Eu interior e canalizar as energias da Mãe Terra. Como as bruxas são normalmente muito imaginativas para criar altares e rituais, use sua intuição e sua criatividade, dispondo sobre o altar os instrumentos mágicos e a representação dos quatro elementos como achar melhor. O altar pode ser montado em qualquer cômodo da casa, exceto no banheiro, que é o lugar onde são descarregadas energias deletérias.

Altar Imaginário: Se por algum motivo não puder montar o altar onde você mora, crie um espaço na sua imaginação, pois o verdadeiro templo está dentro de você. Caso prefira, busque o contato com a Natureza e faça dela o mais lindo de todos os santuários.

Instrumentos Mágicos: É possível realizar os rituais sem os instrumentos mágicos da Bruxaria? Sim. Porém, mesmo que saibamos caminhar, os instrumentos mágicos são como um veículo que torna mais fácil nossa caminhada porque ele pode nos levar mais rapidamente ao nosso destino.

Exemplo de como podemos utilizar um instrumento mágico no dia a dia: Quando usamos o athame para cortar uma fruta ou outro alimento, consagramos a fruta ou o outro alimento com as energias da Natureza e eliminamos as energias perversas.

Dica Mágica: Lembre-se que a verdadeira bruxa jamais depende dos instrumentos mágicos porque sabe que a Magia está em sua mente e em seu coração. Assim, se for necessário andar a pé para chegar a um objetivo, não pensará duas vezes.

Instrumentos Mágicos Mais Usados

Athame ou Punhal: É o símbolo da energia masculina e considerado um instrumento de força. Tradicionalmente, o athame tem lâmina dupla para cortar energias negativas de qualquer lado que apareçam e para bani-las dos rituais. Em algumas tradições, ele é associado ao fogo pelo fato de sua lâmina ser forjada no fogo e, em outras tradições, está associado ao ar por causa do som que a lâmina produz quando corta o ar. Também conhecido como adaga, o athame representa o discernimento que a bruxa precisa ter em seu caminho. Na época medieval havia o athame com cabo preto, que era usado em rituais, e o com cabo branco, chamado bolline, que servia para cortar ervas ou alimentos a serem consagrados.

Caixinha: É uma caixinha comum que você vai consagrar para guardar os seus desejos, escritos em papel branco. Na entrada de toda fase da Lua você poderá colocar um pedido dentro dela. Após um ano, vai abri-la e queimar todos os papéis que estiverem guardados ali. Você perceberá que o Universo realizou muitas coisas que pediu e entenderá que, o que não foi realizado, foi para o seu bem.

Caixinha SOS: É outra caixinha que você vai consagrar para colocar pedidos urgentes, escritos em papel branco, mas deve fazer um pedido de cada vez. Até que seu desejo se realize, ponha todos os dias sua mão sobre a caixinha e repita o seu pedido. Assim que ele for realizado, agradeça ao Universo e dê um presente a um amigo.

Cajado: Também conhecido como bastão, o cajado é a extensão do braço do mago ou da bruxa, geralmente mais utilizado pelos magos. Ele serve como catalisador das energias de um ambiente e tem o poder de neutralizar energias negativas. É usado para abrir os portais de outras dimensões e para firmar as energias de um ritual, como um fio terra.

Caldeirão: É o símbolo do útero da Grande Mãe, da origem de toda vida humana, da germinação, da transformação, da transmutação e dos mistérios da Bruxaria. O caldeirão era originalmente simbolizado por uma cabaça ou uma cuia. Quando os caldeirões de metal surgiram, seu simbolismo passou a ser associado ao lar e à família. É no caldeirão que a bruxa prepara seus feitiços, poções e rituais.

Ritual com o Caldeirão: Escreva os obstáculos que deseja eliminar da sua vida em um papel branco e queime-o dentro do seu caldeirão, pedindo às forças da Natureza e ao elemento fogo que transmutem os obstáculos do seu caminho.

Cálice ou Taça: Simboliza o útero da Mãe Terra e o refreamento. É considerado um instrumento do elemento água e tem ligação com a Lua. Antigamente, usava-se uma cuia ou uma concha larga no lugar do cálice. Sua base é o símbolo do mundo material e seu suporte representa a conexão entre o Céu e a Terra. O cálice é usado para conter o vinho durante os rituais e passado a todos os membros como símbolo de união.

Chapéu: Como o chapéu pontiagudo era moda nos castelos do longínquo século II, muitas bruxas não o utilizam mais como símbolo mágico porque ele foi associado às bruxas exatamente por estarem fora de moda. Mas há bruxas que entendem que o chapéu pontiagudo é um instrumento indispensável para os seus trabalhos, porque sua forma de cone serve de antena receptora capaz de atrair e potencializar as energias cósmicas e auxiliar na captação de poder, da mesma forma que ocorre com as pirâmides. O chapéu também tem um significado psicológico de proteção que, para os trabalhos mágicos das bruxas, é sempre de grande valia.

Cordão: É um colar de contas que você pode usar para sua proteção e para fazer pedidos e agradecimentos. Esse colar é como um terço bizantino, que normalmente contém 100 contas, sendo que cada grupo de dez contas é separado por uma conta colorida. A cada dez contas você faz seu pedido, usando o verbo no tempo presente (eu preciso, eu desejo, eu quero, eu tenho). Quando seus dedos tocarem cada conta colorida, você agradece.

Espelho: Diz uma lenda que, antes do início da Criação, existia apenas uma Deusa. Mas, ao ver seu reflexo no espelho escuro do vazio, ela se apaixonou por sua própria imagem. Seu amor cresceu tanto, que explodiu de prazer e alegria e formou uma onda de energia que, ao dispersar fagulhas por todos os lados, deu origem a tudo o que existe. Mas a força da onda de energia foi aos poucos afastando a imagem da Deusa, até que a imagem se tornou masculina e se transformou no Deus da força, cuja imagem é o Sol. A partir dessa divisão, o desejo de voltar à comunhão com a Deusa faz o Deus girar eternamente ao redor dela.

Utilidade do Espelho Mágico: É um instrumento utilizado não só para adivinhações e encantamentos, como também em rituais de meditação para que você tenha um contato maior consigo mesmo(a). Para abrir a visão, ele pode ser banhado numa infusão de alecrim, arruda, artemísia, erva-doce, hera, folhas de nogueira e espumas do mar. Para algumas outras operações mágicas, ele pode ser banhado pela luz da Lua cheia.

O Segredo do Reflexo: A astronomia nasceu na Suméria, Mesopotâmia, e depois recebeu a contribuição dos egípcios, gregos, indianos, chineses, árabes e maias. Mas todo o conhecimento sobre astronomia, lentes de aumento e espelhos foi mantido em segredo pela Igreja Católica até o ano de 1168, ocasião em que as lentes e as superfícies de vidro espelhadas começaram a ser estudadas em Oxford, Inglaterra. Muito antes, na Grécia antiga, o filósofo grego Sócrates (470-399 a.C.) já tinha se surpreendido quando, certa vez, usou uma lente de aumento apontada para o Céu e viu refletida na lente a imagem de uma constelação em forma de dragão. A constelação já estava lá, mas permanecia oculta até então. "Tornar visível o invisível, como fez Sócrates na Antiguidade, é a verdadeira função dos espelhos, mesmo que o usemos apenas para nos encarar e fazer uma autoanálise" (*Manual da Bruxaria*, Editora Zetec).

Túnica ou Vestida de Céu: É uma opção da pessoa ou do grupo que esteja realizando o ritual. A túnica pode ser de cor preta para afastar energias negativas e demonstrar sabedoria; amarela ou laranja para demonstrar receptividade; vermelha para demonstrar amor; verde para demonstrar mestria. Vestida de céu é a nudez ritualística que deve ser encarada com naturalidade porque simboliza a pureza. As bruxas podem optar em trabalhar ou não vestidas de céu.

Varinha: Também chamada de bastão mágico, a varinha pode ser feita com um galho da árvore de sua preferência. Ao cortá-lo, não se esqueça de agradecer à mãe árvore por lhe ter cedido um dos seus galhos. No Xamanismo, o agradecimento é feito com oferendas de mel e leite para a Natureza. A varinha pode ser enfeitada à sua maneira, de acordo com a sua intuição, podendo adorná-la com flores, fitas ou cristais. Ela é usada para traçar o círculo mágico, apontar algum objeto durante o ritual e consagrar objetos mágicos, bastando dar três toques com ela na pessoa ou no objeto que deseja abençoar ou consagrar. A varinha pode despertar grandes qualidades nas pessoas.

Ritual com a varinha mágica: Quando sentir um grande desejo, finque a varinha no chão e lhe conte o seu desejo. Para afastar energias perversas, basta enfeitar a varinha com fitas verdes e pretas.

Vassoura: Quando se fala sobre Bruxaria, a vassoura é o instrumento mais lembrado porque existem muitas lendas a seu respeito. A vassoura era um meio de as bruxas esconderem suas varinhas mágicas durante a Inquisição, pois, segundo o *Manual de Caça às Bruxas*, a vassoura e o bastão indicavam que a pessoa que os possuísse era bruxa. Além de ser o símbolo da maturidade e da fertilidade, a vassoura passou a fazer parte da limpeza energética dos ambientes onde são realizados os rituais e a ser usada como um portal, simbolizando fisicamente uma porta de abertura do círculo mágico.

Lendas sobre a vassoura voadora: Entre as tantas lendas que citam a bruxa voando em uma vassoura, duas são mais aceitas pelas bruxas: 01. Como a prática da magia simpática era muito comum durante o feudalismo, as bruxas dos feudos faziam vassouras com palhas das plantações e pulavam com elas no chão para mostrarem às novas sementes o quanto elas deveriam crescer; 02. No início do período da Inquisição, era muito comum a bruxa esconder na sua vassoura as ervas que facilitavam as viagens astrais, cuja prática podia dar ao leigo a impressão de voo. Além dessas duas lendas, os romenos acreditam que uma vassoura debaixo da cama afasta as energias negativas e, no Brasil, uma vassoura virada atrás da porta de entrada faz com que uma visita indesejável vá embora.

Outros Instrumentos Mágicos: Castiçais, incensários, bolas de cristal, instrumentos musicais, pedras, velas, óleos, bolos, vinhos, sinos para abrir e fechar os rituais, e tudo o que sua imaginação criar e sua intuição mandar.

Círculo Mágico: Simboliza um portal de comunicação entre os mundos físico e espiritual. Sua finalidade é conter e concentrar a energia mágica durante o ritual, porque tudo o que for trabalhado dentro dele será concentrado verticalmente em direção ao Universo, não havendo, assim, desperdício de energias. O círculo pode ser aberto para qualquer lado, desde que, ao fechá-lo, lembrar-se de ir para o lado oposto em que ele foi aberto.

O círculo mágico é normalmente aberto em sentido horário e fechado em sentido anti-horário. Ele pode ser grande ou pequeno e delimitado por um cordão, um traçado na terra ou na areia, ou simplesmente visualizado. Quando precisar sair do círculo, saia pela porta simbólica e sempre de frente para o centro do círculo, em respeito ao altar ali presente.

Roteiro para se Fazer um Ritual

Esta é uma estrutura bem detalhada, mas que não pretende ser a única e menos ainda a mais completa. Muito pelo contrário, no que se segue procuro levantar alternativas para você pensar e improvisar suas próprias variações a respeito. Gostaria de frisar que um bom ritual sempre tem uma improvisação especial que brota da inspiração, e todos os outros planos previamente detalhados ficam esquecidos porque deixam de ser importantes. Portanto, leia as sugestões de estrutura aqui apresentadas, pense sobre elas e siga a sua inspiração, a qual vem do Cosmos.

Antes do Ritual

Prepare o ritual, planejando-se e planejando-o com cuidado. Escreva e memorize o que vai desejar dizer e fazer. Caso prefira ser espontâneo(a), planeje o tema básico, escrevendo algumas breves linhas sobre o que pretende dizer ou fazer;

Prepare o espaço físico, limpando o local e removendo eventuais móveis e utensílios. Se for um lugar público, certifique-se da necessidade ou não de obter autorização para usá-lo. Verifique se tem tudo o que vai precisar para realizar o ritual dentro do espaço escolhido. Coloque sempre os quatro elementos no local do ritual;

O círculo mágico deve ser traçado com um athame, uma espada ou uma varinha. Pedras, velas, pétalas de rosas ou ervas podem ser usadas para marcar o seu limite;

Tome um banho especial, vista a roupa para a ocasião e medite por alguns minutos.

O Ritual

Cuide para que todos os participantes sejam purificados antes de entrar no círculo mágico, o que pode ser feito circundando cada um com um athame, uma varinha, um incenso aceso ou uma vela acesa;

Cuide para que todos os participantes entrem em sintonia com o caráter específico do ritual, o que pode ser feito por meio de um canto, uma dança, uma respiração pausada ou uma visualização;

Após a entrada de todos os participantes no círculo mágico, convide os anjos, os guardiões, os elementais e todos aqueles que puderem participar do ritual, tendo consciência de que "chamar" significa convidar e não invocar ou dar uma ordem.

Objetivo do Ritual: Após convidar os seres invisíveis, diga em voz alta o objetivo do encontro ritualístico, pois todo ritual tem uma finalidade específica. Dentre os motivos para se realizar um ritual, destacamos:

Festejar os ciclos das fases da Lua;

Festejar as estações do ano;

Festejar os sabás;

Festejar o dia das deusas;

Fazer um encanto;

Trazer a cura;

Rito de passagem: festa que traz uma mudança na vida da pessoa, como nascimento, menarca, casamento, aborto, divórcio, menopausa ou morte de um ente querido.

Trabalhando no Ritual

Durante o ritual, você poderá recitar um poema, cantar, tocar um instrumento, usar sons não verbais, fazer movimentos físicos ritmados ou ficar em silêncio;

Na comunhão com os participantes, abençoe os pães, os doces e o vinho e os compartilhe com os demais, brindando o objetivo do ritual;

Retorne à consciência objetiva;

Libere o excesso de energia acumulada no ritual e o direcione para um fim nobre;

Agradeça ao Universo e a todos os seres invisíveis presentes no ritual;

Feche o círculo;

Termine o ritual com uma celebração, a qual pode ser feita com beijos e abraços.

Primeiro Grande Ritual

O primeiro passo dentro da Magia é você montar o seu altar, sabendo que todo instrumento que for utilizar no altar deverá ser consagrado;

O que é consagração? É o ato de tirar energias de outrem e colocar a sua energia num objeto. É o ato de investir alguém ou algo de um caráter sagrado;

Existem diversas consagrações, entre as quais escolhi a que me acompanha há muitos anos.

Consagração: No primeiro dia da Lua nova ou da Lua cheia, ponha sobre o altar os quatro elementos e todos os instrumentos a serem consagrados. No lugar da vela comum que você estaria usando, acenda uma vela de mel de sete dias. Durante os sete dias em que a vela de mel estiver queimando, você acenderá um incenso por dia e fará uma mentalização positiva para os instrumentos dispostos sobre o altar. A vela deverá durar mais de sete dias, pois, se isso não ocorrer, você deverá iniciar todo o ritual novamente, visto que não houve tempo suficiente para que toda a consagração fosse realizada.

Abertura dos Portais Energéticos

Acenda duas velas sobre o altar, uma do lado direito e outra do lado esquerdo, a fim de abrir os portais energéticos de outra dimensão;

Faça sua pergunta, mental ou verbalmente, de forma bastante clara e precisa;

Feche os olhos e aguarde um sinal;

Você pode se imaginar atravessando uma porta de várias cores e, no fim do seu percurso, encontrar-se com o seu guardião e ficar atenta ao que ele lhe diz;

Apague as duas velas, sem soprá-las, pois quando você sopra, está dizendo ao elemental que não quer mais o que foi feito. Por isso, sempre que precisar apagar a chama das velas, faça-o com as pontas dos dedos ou com um abafador;

Normalmente juntamos as duas velas no centro do altar para simbolizar o fechamento dos portais energéticos.

Proteção da Bruxa e do Mago

A primeira providência a ser tomada antes do início de qualquer magia ou ritual é abrir um círculo de proteção contra as forças negativas que queiram entrar no ritual sem serem chamadas;

O círculo poderá ser imaginário, utilizando-se luzes ou supondo-se que os participantes estejam protegidos dentro de um ovo dourado;

O círculo poderá ser físico, riscando a varinha mágica no chão;

O círculo poderá ser feito com sal, pedras, flores ou outros ingredientes mágicos, conforme a magia ou ritual a ser executado;

É imprescindível que você JAMAIS se esqueça de abrir o círculo no início do ritual e fechá-lo assim que o ritual terminar.

Os Grandes Grimórios: Você sabe o que são Grimórios? São livros de fórmulas mágicas escritos durante a Idade Média. Na Bruxaria Natural são usados três livros:

Livro das Sombras: É um caderno ou uma agenda em que a bruxa faz anotações sobre todas as suas experiências já realizadas, como banhos, feitiços, meditações, sonhos e tudo o que envolve Magia. Esse livro deve ser escrito de maneira simples e passado de uma geração a outra. Você pode encapá-lo e colar símbolos de proteção na capa, como o Sol, a Lua, o pentagrama, entre outros. Mas saiba que, no seu *Livro das Sombras*, você só deve escrever os feitiços e as experiências realmente vividas e realizadas, pois ele é a sua sombra.

Livro de Reequilíbrio Energético: É um caderno sem arame, que deve ser encapado com as sete cores do arco-íris. Na contracapa devem ser desenhados os símbolos rúnicos e uma árvore bem bonita. As folhas devem ser utilizadas para você escrever o nome completo de alguém que esteja precisando de uma energização. Se você sabe em que âmbito a pessoa precisa de energia, poderá pintar o nome dela com a cor correspondente à sua necessidade. Exemplo: Se você tem um amigo chamado Paulo André que precisa se acertar no amor, você escreve o nome completo dele em seu *Livro de Reequilíbrio Energético* e pinta o nome dele com a cor rosa; se ele tem algum problema de saúde, a cor é verde; se ele tiver problema com dinheiro, a cor é amarela; se lhe falta inspiração ou concentração, a cor é laranja.

Livro dos Sonhos: É um caderno no qual você aplicará livremente a sua criatividade. Ele deverá ficar sempre junto com um lápis ao lado da sua cama para que você possa anotar todos os seus sonhos e acompanhar os ensinamentos que vêm por meio deles.

Reflexão do Capítulo 4

Se "bruxa" fosse sinônimo de "maldade", não seria mencionada como bruxa "má" nas histórias infantis, porque seria desnecessário dizer que a bruxa é má se "bruxa" realmente significasse maldade. A palavra "bruxa" é um substantivo e não um adjetivo.

Capítulo 5

Tabelas de Apoio – A Grande Arte da Feitiçaria

Astros Regentes da Semana

Domingo > Sol
Segunda > Lua
Terça > Marte
Quarta > Mercúrio
Quinta > Júpiter
Sexta > Vênus
Sábado > Saturno

Fases da Lua

Lua Crescente: Magia do amor e da prosperidade.
Lua Cheia: Magia do amor e da prosperidade para as bruxas e lua de meditação, descanso e relaxamento para os magos.
Lua Minguante: Magia para eliminar energias indesejáveis.
Lua Nova: Lua de poder para os magos e de meditação, descanso e relaxamento para as bruxas.

Influência dos Astros sobre as Horas

Júpiter: Hora propícia para novos empreendimentos, para toda espécie de assunto financeiro e resolução de questões legais e religiosas. Nessa hora podem ser tratadas todas as coisas relacionadas a valores, sejam de caráter objetivo ou subjetivo.

Lua: Hora propícia para fazer viagens e mudanças definitivas, estipular comissões e persuadir pessoas a mudarem de opinião. Não é aconselhável firmar contratos nessa hora porque eles serão passageiros.

Marte: Hora propícia para favorecer os impulsos e os empreendimentos ousados. É o momento em que há maior incidência de acidentes, disputas e desentendimentos. Não é aconselhável fazer novas amizades nessa hora.

Mercúrio: Hora propícia para comprar livros, desenvolver trabalhos com impressoras, redação de cartas, estudos e teorias. Ótima hora para se chegar a uma conclusão.

Saturno: Hora propícia para lidar com idosos, estudos avançados e assuntos imobiliários, pois Saturno governa a Terra e oferece prudência, determinação e maturidade.

Sol: Hora propícia para se relacionar com pessoas que ocupem posição de destaque e para pedir favores e proteção.

Vênus: Hora propícia para recreação, diversão, canto, música, dança, vestuário e luxo. Momento bom para comprar roupas, perfumes e qualquer artigo do gênero. Essa hora favorece o amor e os estudos artísticos, mas existe o perigo de extravagâncias.

Astros Regentes das Horas

Existem três tabelas de hora planetária: uma que começa às 6 horas da manhã, outra que começa ao nascer do Sol (verificar o momento do nascimento do Sol atualizado), e outra que começa a 1 hora da madrugada, que é a que utilizo.

Domingo

1 hora – Sol
2 horas – Vênus
3 horas – Mercúrio
4 horas – Lua

5 horas – Saturno
6 horas – Júpiter
7 horas – Marte
8 horas – Sol
9 horas – Vênus
10 horas – Mercúrio
11 horas – Lua
12 horas – Saturno
13 horas – Júpiter
14 horas – Marte
15 horas – Sol
16 horas – Vênus
17 horas – Mercúrio
18 horas – Lua
19 horas – Saturno
20 horas – Júpiter
21 horas – Marte
22 horas – Sol
23 horas – Vênus
24 horas – Mercúrio

Segunda-feira

1 hora – Lua
2 horas – Saturno
3 horas – Júpiter
4 horas – Marte
5 horas – Sol
6 horas – Vênus
7 horas – Mercúrio
8 horas – Lua
9 horas – Saturno
10 horas – Júpiter
11 horas – Marte
12 horas – Sol
13 horas – Vênus
14 horas – Mercúrio
15 horas – Lua

16 horas – Saturno
17 horas – Júpiter
18 horas – Marte
19 horas – Sol
20 horas – Vênus
21 horas – Mercúrio
22 horas – Lua
23 horas – Saturno
24 horas – Júpiter

Terça-feira

1 hora – Marte
2 horas – Sol
3 horas – Vênus
4 horas – Mercúrio
5 horas – Lua
6 horas – Saturno
7 horas – Júpiter
8 horas – Marte
9 horas – Sol
10 horas – Vênus
11 horas – Mercúrio
12 horas – Lua
13 horas – Saturno
14 horas – Júpiter
15 horas – Marte
16 horas – Sol
17 horas – Vênus
18 horas – Mercúrio
19 horas – Lua
20 horas – Saturno
21 horas – Júpiter
22 horas – Marte
23 horas – Sol
24 horas – Vênus

Quarta-feira

    1 hora – Mercúrio
    2 horas – Lua
    3 horas – Saturno
    4 horas – Júpiter
    5 horas – Marte
    6 horas – Sol
    7 horas – Vênus
    8 horas – Mercúrio
    9 horas – Lua
    10 horas – Saturno
    11 horas – Júpiter
    12 horas – Marte
    13 horas – Sol
    14 horas – Vênus
    15 horas – Mercúrio
    16 horas – Lua
    17 horas – Saturno
    18 horas – Júpiter
    19 horas – Marte
    20 horas – Sol
    21 horas – Vênus
    22 horas – Mercúrio
    23 horas – Lua
    24 horas – Saturno

Quinta-feira

    1 hora – Júpiter
    2 horas – Marte
    3 horas – Sol
    4 horas – Vênus
    5 horas – Mercúrio
    6 horas – Lua
    7 horas – Saturno
    8 horas – Júpiter
    9 horas – Marte

10 horas – Sol
11 horas – Vênus
12 horas – Mercúrio
13 horas – Lua
14 horas – Saturno
15 horas – Júpiter
16 horas – Marte
17 horas – Sol
18 horas – Vênus
19 horas – Mercúrio
20 horas – Lua
21 horas – Saturno
22 horas – Júpiter
23 horas – Marte
24 horas – Sol

Sexta-feira

1 hora – Vênus
2 horas – Mercúrio
3 horas – Lua
4 horas – Saturno
5 horas – Júpiter
6 horas – Marte
7 horas – Sol
8 horas – Vênus
9 horas – Mercúrio
10 hora – Lua
11 horas – Saturno
12 horas – Júpiter
13 horas – Marte
14 horas – Sol
15 horas – Vênus
16 horas – Mercúrio
17 horas – Lua
18 horas – Saturno
19 horas – Júpiter
20 horas – Marte

21 horas – Sol
22 horas – Vênus
23 horas – Mercúrio
24 horas – Lua

Sábado

1 hora – Saturno
2 horas – Júpiter
3 horas – Marte
4 horas – Sol
5 horas – Vênus
6 horas – Mercúrio
7 horas – Lua
8 horas – Saturno
9 horas – Júpiter
10 horas – Marte
11 horas – Sol
12 horas – Vênus
13 horas – Mercúrio
14 horas – Lua
15 horas – Saturno
16 horas – Júpiter
17 horas – Marte
18 horas – Sol
19 horas – Vênus
20 horas – Mercúrio
21 horas – Lua
22 horas – Saturno
23 horas – Júpiter
24 horas – Marte

Influência da Lua sobre os Signos

Em Áries: Período que favorece o trabalho para aumentar os recursos, a energia e a saúde. Se a fase da Lua for minguante, auxilia a combater doenças.

Em Touro: Período favorável para a realização de transações que envolvam a aquisição de propriedades e bens materiais.

Em Gêmeos: Bom período para operações mágicas e fabricação e consagração de talismãs.

Em Câncer: Período que favorece a vidência, as faculdades psíquicas e as viagens.

Em Leão: Período favorável para a saúde e a fortuna.

Em Virgem: Período de rompimentos, amarrações amorosas e malefícios.

Em Libra: Bom período para estabelecer laços amorosos, reconciliar desarmonias e fazer as pazes com os amigos.

Em Escorpião: Período mágico por excelência para qualquer tipo de trabalho de Magia.

Em Sagitário: Período favorável para invocações, evocações, consagração de talismãs e para ganhar nos jogos.

Em Capricórnio: Bom período para contatar os elementais e obter proteção e segurança.

Em Aquário: Período favorável para estudos esotéricos e práticas de adivinhação.

Em Peixes: Período que favorece a emotividade e incrementa as faculdades psíquicas.

Reflexão do Capítulo 5

Assim como as sementes, nossos pensamentos brotam e florescem de acordo com a sua variedade, e os pensamentos que cultivamos criam a nossa experiência de vida. Assim como a semente plantada em solo fértil produz frutos saudáveis, nossa mente se torna iluminada ou escura, conforme o tipo de pensamento que plantamos nela. Se plantarmos sementes de maçã e cuidarmos bem delas, colheremos maçãs suculentas. Se plantarmos sementes de cacto, colheremos duros espinhos. O mesmo acontece com a nossa mente: pensamentos positivos dão resultados positivos e pensamentos negativos dão resultados negativos. A compreensão desta relação de causa e efeito pode nos ajudar a pensar sobre o tipo de vida que desejamos para nós.

Capítulo 6

Dicionário Mágico – Decodificação de Antigas Poções Mágicas

Houve um tempo não muito distante em que, para sobreviver, era preciso mentir sobre as coisas nas quais se acreditava. Mas hoje podemos finalmente nos mostrar e nos denominar bruxas, pois BRUXAS NASCEMOS E BRUXAS SEREMOS! Na época das perseguições às bruxas, muitas delas criaram códigos secretos que, por várias gerações, foram passados oralmente apenas de mãe para filha para que a tradição não se perdesse ou caísse em mãos erradas. Se algumas receitas de bruxas parecem ser tão horríveis, é porque as bruxas achavam que, se as pessoas sentissem medo ou nojo de suas receitas, não as preparariam e, assim, não prejudicariam ninguém. Relaciono aqui algumas decodificações secretas usadas durante muitos anos em várias receitas, pois as bruxas costumavam colocar nomes de animais nos alimentos e nas plantas. Muitos outros nomes não citados aqui também foram trocados para que os alimentos e as plantas não fossem indevidamente utilizados.

<u>Asa de morcego moída</u>: Pimenta-do-reino

<u>Barriga de sapo</u>: Pepino

<u>Beijo de sereia</u>: Sal

<u>Besouro seco</u>: Lentilha

Bola de sopro: Dente-de-leão

Botão de solteirão: Calêndula

Cabelo de moça: Capim-cidreira

Cauda de raposa: Cavalinha

Chifre de carneiro: Orquídea

Chifre de rinoceronte: Nabo

Coração de boi: Tomate

Dedo de morto: Orquídea

Dedo sangrento: Dedaleira

Elfo negro: Chá preto

Gordura de criança não batizada: Toucinho de porco

Lágrima de moça: Cebola

Língua de serpente: Orquídea

Luar do arvoredo: Jasmim

Minhoca: Macarrão espaguete

Mosca morta: Uva-passa

Óleo de castor: Mamona

Olho de agamoto: Cravo-da-índia

Olho de gato: Rabanete

Olho de sapo: Azeitona

Osso moído: Farinha de trigo

Ova de sapo: Ervilha

Ovo de dinossauro: Ovo

Pelo de gato: Capim-cidreira

Pelo do púbis: Capim-cidreira

Pingo de neve: Flor de anêmona

Pó de cemitério: Patchuli em pó

Poeira doméstica: Gengibre em pó

Rabo de cavalo: Cavalinha

Rabo de dragão: Batata

Rabo de escorpião: Coentro ou salsa

Raio do Sol: Fubá

Sangue de moça virgem: Vinho tinto

Sêmen: Leite

Shiberry: Amora, cereja ou morango

Sino dos mortos: Dedaleira

Teia de aranha: Algodão-doce

Terra de túmulo: Chocolate

Unha do pé: Amêndoa

Unha de sereia: Palmito

Reflexão do Capítulo 6

"Devemos ver o mundo num grão de areia, e o Céu numa flor silvestre; conter o infinito na palma da nossa mão, e a eternidade numa hora." – William Blake

Capítulo 7

Ano Lunar e Festivais da Bruxaria

Por que o Sol e a Lua foram morar no Céu

Esta história aconteceu faz muito tempo; tanto tempo que o Sol e a Lua ainda moravam na Terra. Um dia, o Sol e a Lua acordaram com tanta sede que resolveram visitar seus vizinhos, os pássaros selvagens, que costumavam guardar a água em potes grandes e pesados. Mas ao chegarem à casa dos pássaros, o Sol e a Lua foram proibidos de beber água. Desobedecendo, o Sol pegou um pote para levá-lo à boca e matar a sede. Mas aí o desastre aconteceu, pois o pote escorregou das suas mãos, quebrou-se e toda a água se perdeu. Os pássaros, muito bravos, saíram correndo atrás do Sol e da Lua, que fugiram e se esconderam em uma cabana, no meio do mato, mas de nada adiantou porque foram descobertos. Foi aí então que o pior aconteceu. O Sol ficou tão quente de raiva, que os pássaros não aguentaram todo aquele calor e começaram, todos juntos, a abanar cada vez mais suas asas e a fazer um vento tão forte, que levantaram o Sol e a Lua até o Céu. Nunca mais o Sol e a Lua desceram de lá (lenda mágica de adaptação de Mito Bakairi).

Calendário Lunar

Na Bruxaria há um calendário de 13 luas, ou seja, 13 períodos de 28 dias, o que permite criarmos uma harmonia entre a nossa energia e a energia do Universo. Para nós, mulheres, esse período vem acompanhado da nossa menstruação, cuja fase agradecemos à Mãe Terra por sermos mulheres.

Por que 13 Luas?

Segundo tradições antigas da Bruxaria, toda vez que a Lua muda de fase é porque a Deusa está nos abençoando. Por isso, devemos reverenciá-la com ritos mágicos para que nos tornemos pontos magnéticos de suas vibrações. Feitiços realizados durante a fase errada da Lua podem ser debilitados e não produzir nenhum resultado ou, possivelmente, produzir um resultado errado. A Roda da Lua é de aproximadamente 28 dias: Lua crescente, Lua cheia, Lua minguante e Lua nova. Dividindo o ano solar de 365 dias por 28 dias, encontramos o valor 13 como resultado da divisão, cuja sincronicidade faz o número 13 ficar simbolicamente harmonizado com os quatro elementos.

Calendário Maia

Não é só na Bruxaria que existe um calendário de 13 luas. Além do xamanismo ancestral, que possui um calendário dividido em 13 ciclos, na civilização maia havia um calendário representado pela Roda do Ano, com 13 fases lunares baseadas na Natureza. Para os maias, a Terra girava em torno do seu eixo para criar o dia e a noite. A Lua girava em torno da Terra por meio de suas fases cíclicas, cujo aspecto variava entre o tempo aparente e o tempo atual, de 27 a 29 dias. Assim, o período adotado para o ciclo lunar é de 28 dias. Para marcar o ano, a Terra faz um giro completo ao redor do Sol em 365 dias. Quando você divide o ano pelo número de luas, obtém 13 luas de 28 dias cada uma, mais um dia extra. Cada ano tem 52 semanas perfeitas. Cada lua se constitui de quatro semanas perfeitas, cada uma com sete dias. Cada lua e cada ano começam em um domingo e terminam em um sábado. Estes são os ciclos que governam os aspectos físicos da vida.

Para encontrar os aspectos espirituais do tempo, devemos considerar o firmamento. A "estrela" mais brilhante no Céu não é uma estrela, mas sim o planeta Vênus, que possui um ciclo de 260 dias. Os maias se referiam ao ciclo de Vênus como o Calendário Sagrado ou Tzolkin, que era constituído de pequenos ciclos de 13 e 20 dias cada um, formando um ciclo repetitivo de 260 dias. Hoje a estrela mais brilhante no Céu é Sírius. Da perspectiva da Terra, o Sol parece mover-se através do Céu contra a formação de estrelas. Quando o Sol nasce com a estrela Sírius, inicia-se o ciclo do ano. Esse dia corresponde a 26 de julho no calendário corrente. O início desse calendário está relacionado com esse evento cósmico.

Nossos corpos também são codificados com os ciclos naturais do tempo. Homens e mulheres são reciclados a cada 28 dias por um ciclo chamado biorritmo. Possuímos 13 articulações no corpo físico, que nos proporcionam os movimentos, e 20 dedos nas mãos e nos pés. Portanto, somos a personificação do sagrado tempo natural.

As 13 Luas Maias

Lua Magnética do Morcego: de 26 de julho a 22 de agosto no calendário gregoriano;

Lua Lunar do Escorpião: de 23 de agosto a 19 de setembro no calendário gregoriano;

Lua Elétrica do Veado: de 20 de setembro a 17 de outubro no calendário gregoriano;

Lua Autoexistente da Coruja: de 18 de outubro a 14 de novembro no calendário gregoriano;

Lua Harmônica do Pavão: de 15 de novembro a 12 de dezembro no calendário gregoriano;

Lua Rítmica do Lagarto: de 13 de dezembro a 9 de janeiro no calendário gregoriano;

Lua Ressonante do Macaco: de 10 de janeiro a 6 de fevereiro no calendário gregoriano;

Lua Galáctica do Falcão: de 7 de fevereiro a 6 de março no calendário gregoriano;

Lua Solar do Jaguar: de 7 de março a 3 de abril no calendário gregoriano;

Lua Planetária do Cachorro: de 4 de abril a 1 de maio no calendário gregoriano;
Lua Espectral da Serpente: de 2 de maio a 29 de maio no calendário gregoriano;
Lua Cristal do Coelho: de 30 de maio a 26 de junho no calendário gregoriano;
Lua Cósmica da Tartaruga: de 27 de junho a 24 de julho no calendário gregoriano.

A Lua em Nossa Vida

Desde a Antiguidade, a Lua exerce profundo fascínio na mente e na imaginação do homem e tem sido o principal tema de muitos mitos, lendas, poemas, canções e obras de arte. Considerada como o símbolo celeste do princípio feminino em várias tradições e culturas, a Lua era a própria Mãe Divina invocada em cultos e rituais para assegurar a fertilidade, o crescimento e a nutrição vegetal, animal e humana. Apesar de a Lua ser comumente conhecida como o mero satélite natural da Terra, sua relação com a Terra funciona como um sistema planetário binário, em que a Lua exerce esotericamente duplo papel.

Enquanto uma face da Lua se volta para o Sol, como que conduzindo a luz espiritual, a outra face é atraída pela Terra pela sua dimensão física e material. Portanto, a Lua desempenha o papel de uma mediadora que reage às energias do Sol e da Terra, ocasionando os ciclos das transformações naturais e biológicas nos seres deste planeta e simbolizando o dilema e o desafio do ser humano em se equilibrar entre o espírito e a matéria.

O padrão rítmico da Lua foi o modelo primordial dos calendários dos povos primitivos, que eram relacionados com o ciclo menstrual e o movimento das marés. Um dos primeiros calendários astrológicos conhecidos foi criado na Babilônia e se baseava no ciclo das lunações. Era chamado de *As Casas da Lua*, e o zodíaco era considerado o cinturão da Deusa Ishtar. Em muitas outras tradições as fases lunares são descritas como personificações da Deusa Lunar, em que a Lua crescente personificava o aspecto de Donzela, a Lua cheia o de Mãe e a Lua minguante o de Anciã. A própria Criação foi atribuída pelos gregos à dança da Deusa Eurinome, cujos movimentos teriam separado a luz da escuridão e os mares do Céu.

O padrão energético da Lua é o primeiro a ser absorvido pelo filho no momento do nascimento, sendo depois ativado pelo contato com a mãe e pelas condições do mundo exterior. A partir do primeiro alento, a influência lunar irá permear todas as experiências da sua vida, definindo a estruturação e o desenvolvimento da sua personalidade. Enquanto o Sol astrológico representa a individualidade, a Lua revela a personalidade (a máscara social) e a maneira de responder às experiências e aos estímulos externos. O processo de autoconhecimento inclui explorar as profundezas da Lua (da personalidade) para encontrar a luz do Sol (a individualidade central). Quando o Sol e a Lua estão em equilíbrio, a combinação das suas energias permite a integração das frações divididas da psique, estabelecendo uma união harmônica das polaridades.

A Lua atua como um receptor seletivo das impressões do mundo exterior, colocando em evidência e selecionando as que vamos responder conscientemente. Observamos a influência da Lua na mutabilidade das nossas reações às vivências cotidianas, pois ela nos protege e nos guia, ativando ou modificando nossos padrões habituais de comportamento. Pela posição da Lua no mapa natal identificam-se os padrões emocionais, o tipo e a qualidade dos relacionamentos, a maneira de responder às necessidades próprias e as dos outros e a expressão ou o bloqueio de talentos naturais, como a criatividade, a intuição e a inspiração.

O elemento do signo astrológico em que a Lua estiver situada no mapa natal indica a capacidade de autonutrição, os padrões costumeiros da reação instintiva e o tipo de energia necessária para a adaptação às situações e aos ambientes. A maioria das pessoas conhece seu signo solar, ou seja, o signo do zodíaco em que o Sol estava "passando" na data do seu nascimento. Porém, poucos conhecem seu signo lunar, que é um importante dado astrológico, principalmente para as mulheres, cuja energia e ciclos fluem em função dos ritmos lunares. A mulher que conhece seu signo lunar e acompanha o movimento da Lua pelos seus signos e fases poderá perceber não apenas suas flutuações de humor e seus ciclos biológicos, como também o aguçamento da sua sensibilidade e o aumento da sua percepção psíquica. Ela poderá, assim, tirar proveito dessas características ou, pelo contrário, proteger a sua vulnerabilidade.

Enquanto o Sol leva um ano para percorrer a roda do zodíaco, a Lua a percorre em um mês, permanecendo cerca de dois dias e meio em cada signo. A passagem da Lua pelo signo solar individual reforça as características do nativo, aumentando seu poder pessoal. Pedidos, orações, rituais, firmações e encantamentos feitos no dia em que a Lua está no signo solar natal serão potencializados e sua realização será facilitada.

A Lua nos signos da água enfatiza a necessidade de vivenciar e lidar com emoções e sentimentos, procurando evitar a vulnerabilidade afetiva e a hipersensibilidade. A vida é percebida por meio de um filtro emocional, fato que exacerba a empatia e dificulta a adaptação às mudanças.

A Lua nos signos do ar intelectualiza os sentimentos e as emoções, colocando em primeiro plano o intelecto e reprimindo ou negligenciando os sentimentos. É necessário incentivar a expressão e a comunicação, tanto mental quanto emocionalmente, para conseguir evitar uma dicotomia e um consequente desequilíbrio interior.

A Lua nos signos do fogo propicia uma resposta rápida e entusiasta e uma visão otimista perante a vida, podendo fluir com as mudanças, sem se apegar aos esquemas e à rotina. O desafio é representado pela impaciência, por ações impulsivas e precipitadas e atitudes egocêntricas e hedonistas.

A Lua nos signos da terra incentiva a busca da segurança, da estabilidade, do enraizamento e da praticidade. Atitudes, convicções e valores dependem das percepções sensoriais e do contato com o mundo tangível. Deve ser avaliada e vencida a insegurança com relação aos sentimentos, às emoções e à aceitação pessoal e social. Podem ser percebidas uma resistência às mudanças e uma permanente preocupação com a realização profissional.

Existem outros pontos lunares de "poder" ao longo do ano. Anualmente, cada pessoa terá uma Lua cheia e uma Lua nova no seu signo solar. A Lua nova representa um convite à introspecção, à contemplação e ao alinhamento espiritual. Como geralmente acontece perto do aniversário, essa fase pode ser usada como uma preparação para o seu retorno solar, que é o novo ciclo que se estende de um aniversário até o próximo. Já a Lua cheia convida para a celebração e a colheita das realizações e conquistas, bem como para a oportunidade de direcionar a criatividade ampliada para novas metas.

    Como a Lua passa por todas as suas fases em todos os signos zodiacais, é importante também saber quando acontecerão a Lua crescente e a Lua minguante no seu signo solar. A Lua crescente é propícia para se iniciar um projeto, mudança ou viagem, enquanto que a Lua minguante representa um momento de reflexão e avaliação das experiências e dos aprendizados, favorecendo o desapego ritualístico das perdas, decepções, mágoas e dores.

Capítulo 8

Outros Povos, Outras Datas Mágicas...

Janeiro – Lua do Lobo
1 – Japão: Celebração das sete divindades da sorte
1 – Roma: Celebração da deusa da fortuna
2 – Suméria: Celebração do dia do nascimento da deusa Inanna
5 – China: Celebração do dia do nascimento de Tsai Shen, deus da riqueza
5/6 – Koreion de Alexandria, Egito: Ritual noturno em honra a Kore
6 – Regiões célticas: Dia da deusa Tríplice – donzela, mãe, anciã
10 – Regiões célticas: Celebração do dia de Freya, deusa Mãe nórdica
12 – Índia: Festival Besant Pachami ou Dawat Puja em honra à deusa Sarasvati (ou na Lua crescente mais próxima)
12 – Roma: Compitália para celebrar os lares e os deuses dos lares
18 – Festival teogônico feminino que celebra todos os aspectos da deusa Hera
20 – Bulgária: Celebração em honra à deusa Baba Den ou Baba Yaga ou ao dia da Avó
20 – China: Dia do deus da cozinha
24 – Hungria: Bênção das velas das Mulheres Alegres e cerimônia de purificação em honra à deusa do fogo

27 – Roma: Paganalia, dia da Mãe Terra

A Lua cheia de janeiro honrava Chang-O, a deusa chinesa dos dormitórios e protetora das crianças. O ano na China começa no primeiro dia da Lua crescente, com o Sol em Aquário, que ocorre no período entre 21 de janeiro e 19 de fevereiro, no máximo.

Fevereiro – Lua do Gelo

1/3 – Grécia: Celebrações dos mistérios eleusínios menores e do retorno da filha – Deméter e Perséfone, Ceres e Proserpina

7 – Dia da deusa Selene e de outras deusas da Lua

9 – Cingapura: Procissão de Chingay, o ano-novo cingapuriano que celebra Kuan Yin e a promessa da primavera vindoura

12 – Roma: Festival em honra à deusa e divina caçadora Diana

13/18 – Roma: Parentália e Ferália, festivais de purificação em honra às deusas Mania e Vesta, devotas dos ancestrais, da paz e do amor

14/15 – Roma: Lupercais, festas em que as mulheres pediam a Juno Lúpia por filhos e honravam ao deus Fauno, um aspecto do deus Pã

14/21 – Roma: Festivais de Afrodite, deusa do amor e da sexualidade

17 – Roma: Fornacália, festa dos fornos

20 – Roma: Dia de Tácita, deusa silenciosa que protegia contra as calúnias

21 – China e Taiwan: Festival das lanternas e celebração de Kuan Yin e da Lua cheia

22 – Roma: Carista, celebração da paz e da harmonia familiar

23 – Roma: Terminália, festa em honra a Términus, deus das fronteiras territoriais

Março – Lua da Tempestade

1 – Grécia e Roma: Matronália, festival de Hera e Juno Lucina

1 – Regiões célticas: Festival de Rhinnon

4 – Grécia: Antestéria, festival das flores dedicado às deusas Flora e Hécate

5 – Egito: Celebração em honra a Ísis, deusa protetora dos navegantes, dos barcos, da pesca e da jornada final da vida

14 – Grécia: Diásia, cerimônia para pedir proteção contra a pobreza
17 – Canaã: Festival de Astarde
17 – Roma: Liberália, festival feminino da liberdade
18 – Irlanda: Dia de Sheelah-na-Gig, deusa da fertilidade
19/23 – Grécia: Panateneu menor em honra à deusa Atena
20 – Egito: Festival da colheita da primavera em honra à deusa Ísis
21 – Equinócio da primavera
21 – Grécia: Festival de Deméter e Kore
21 – Após o equinócio, Minerva era homenageada em Roma durante quatro dias
22/27 – Grécia: Hilária, festival em honra a Cibele
23 – Roma: Quinquátria, celebração do nascimento de Minerva ou Atena
29 – Grécia: Festival de Ártemis ou Delfínia
29 – Tibete: Cerimônia para a expulsão dos maus espíritos
30 – Festival em honra a Eostre, deusa germânica da Lua, da primavera, do renascimento e da fertilidade
31 – Roma: Festival de Luna, deusa da Lua

Abril – Lua do Crescimento

1 – Índia: Festival de Kali
1 – Roma: Festival de Fortuna Virilis de Vênus
1 – Egito: Dia de Hathor
4 – Frígia e Roma: Megalésia de Cibele ou Magna Mater, festival de sete dias que celebrava a chegada da deusa ao seu templo romano
5 – Roma: Festival da Boa Sorte da deusa Fortuna
8 – Japão: Hana Matsuri, festival das flores em honra aos ancestrais, quando os santuários eram decorados
8 – Grécia: Mounichia de Ártemis, dia para os bolos da Lua
11 – Armênia: Dia de Anahit, deusa do amor e da Lua
12/19 – Roma: Cereália ou Retorno de Perséfone, em honra a Ceres e à sua filha
15 – Egito: Festival de Bast
22 – Babilônia: Festival de Ishtar

28.04/03.05 – Roma: Florália, festival em honra a Flora, deusa das flores da primavera, e em honra a Vênus, deusa da sexualidade

Maio – Lua da Lebre

1 – Dia bruxo da Sorveira para a deusa finlandesa Rauni
4 – Irlanda: Dia do Pilriteiro Sagrado e início do mês do Estrepeiro
5 – China: Festa do Dragão
9 – Grécia: Festa de Ártemis
9/11/13 – Roma: Lemúria, homenagem aos espíritos familiares errantes
12 – Índia: Festival de Aranya Shashti, deus da floresta, semelhante ao deus Pã
15 – Grécia: Dia de Maya, deusa da Lua cheia
16 – Índia: Savitu-Vrata, celebração em honra a Sarasvati, a rainha do paraíso
19/28 – Grécia e Roma: Kallyntaria e Plynteria, festivais da primavera para limpeza e purificação
23 – Roma: Rosália, festival das rosas de Flora e Vênus
24 – Grécia: Thargelia, celebração do nascimento de Ártemis ou Diana, normalmente durante a Lua crescente
24 – Grécia: Dia de uma antiga celebração em honra aos Horae
24 – Regiões célticas: Celebração das Três Mães das boas colheitas e da prosperidade
26 – China: Dia de Chin-hua-fu-jen, deusa amazona semelhante à deusa Diana
26/31 – Roma: Festivais em honra a Diana, deusa dos bosques silvestres
30/31 – Roma: Festas em honra à rainha do submundo

Junho – Lua dos Prados

1/2 – Roma: Dias de Carna, deusa da sobrevivência física, das portas e fechaduras, semelhante a Syn, deusa nórdica da inclusão e da exclusão
2 – Babilônia: Shapatu ou Sabá de Ishtar
6 – Trácia: Dia da deusa lunar Bendídia de Bendis

6 – Grécia: Bolos eram deixados em encruzilhadas como oferenda à deusa Ártemis
14 – Aniversário das Musas
16 – Egito: Festa das Águas do Nilo ou Noite das Lágrimas, celebrando Ísis e seus lamentos
17 – Roma: Ludi Piscatari, festival dos pescadores
21 – Solstício do verão
21 – Inglaterra: Dia de Cerridwen e seu caldeirão
21 – Irlanda: Dia dedicado à deusa fada Aine de Knockaine
21 – Dia de todas as Heras ou das mulheres sábias
21 – Europa: Dia do Homem Verde
24 – Egito: Dia das Lanternas em Sais, celebração em honra a Ísis e Neith
25 – Índia: Teej, festival em honra a Parvati para mulheres e meninas
27 – Grécia: Arretophorria, festa das ninfas em honra à Donzela e às deusas amazonas

Julho – Lua do Feno

4 – Roma: Dia de Pax, deusa da paz e da concórdia
7/8 – Roma: Festival em honra a Nonae Caprotinae, a mais velha entre as mulheres, e dedicado a Juno, a Grande Mãe
10 – Dia de Hel ou Holde, deusa anglo-saxã e nórdica
10 – Dia de Cerridwen, deusa celta
14 – Japão: O-Bon, festival das Lanternas dedicado aos espíritos ancestrais
15 – China: Chung Yuan, festival em honra aos mortos
17 – Egito: Celebração do nascimento de Ísis
18 – Egito: Celebração do nascimento de Néftis
19 – Egito: Celebração do Ano-Novo e festival de Opet ou casamento de Ísis e Osíris
19 – Roma: Celebração em honra a Vênus e Adonis
23 – Roma: Neptunália, cerimônia em honra a Netuno, deus dos mares e terremotos
27 – Bélgica: Procissão das bruxas

Agosto – Lua do Milho

1 – Regiões célticas: Festival do Pão Novo
1 – Entre os astecas, festival de Xiuhtecuhtli, deus do calendário e do fogo espiritual
1/3 – Macedônia: Festival das Dríades, espíritos femininos das águas e dos bosques
6 – Egito: Festival de Toth
6 – China e Cingapura: Início do mês dos espíritos
7 – Egito: Festival da Quebra do Nilo, dedicado a Hathor
12 – Bênção egípcia dos barcos
13/15 – Grécia e Roma: Celebração em honra à Lua cheia, a Diana, deusa dos bosques, e a Hécate, a mãe escura da Lua
17 – Roma: Festa da Lua cheia dedicada à deusa Diana
23 – Grécia: Nemesea, festival de Nêmesis, deusa do destino
23 – Roma: Volcanália, festival em honra a Vulcano, deus protetor contra os incêndios acidentais, e a Vertumnália, festival em honra a Vertúmnus, deus das mudanças sazonais
25 – Roma: Opseconsiva, festival das Colheitas em honra à deusa Ops
26 – Festival em honra à deusa finlandesa Ilmatar ou Luonnotar
29 – Dia do Ano-Novo egípcio e do nascimento de Hathor
30 – Roma: Charisteria, festival de Ação de Graças
31 – Índia: Anant Chaturdasi, festival hindu de purificação das mulheres em honra a Ananta

Setembro – Lua da Colheita

8 – Tibete: Festival das Águas em honra aos regatos e aos duendes das águas
10 – China: Twan Yuan Chieh, festival lunar de Chang-O ou festival feminino da reunião
13/14 – Egito: Cerimônia de Acender o Fogo em honra a Néftis e aos espíritos dos mortos
18 – China: Chung-Chiu, festival da Lua da Colheita, normalmente na Lua cheia, em honra à deusa lunar Chang-O e ao aniversário da Lua

19 – Alexandria, Egito: Jejum de um dia em honra a Toth, deus da sabedoria e da magia
21 – Egito: Festa da Vida Divina em honra à deusa Tríplice – donzela, mãe, anciã
22 – Equinócio do outono
22 – Suméria: Celebração da morte de Tiamat
23 – Grécia: Festival de Nêmesis, deusa do destino
23.09/1.10 – Grécia: Festival sagrado de nove dias da grande Eleusínia
27 – Coreia do Sul e Taiwan: Choosuk, festival da Lua em honra aos espíritos dos mortos
27 – Grécia: Celebração do dia do nascimento da deusa Atena
30 – Grécia: Festival de Têmis como governante de Delfos

Outubro – Lua de Sangue

7 – Suméria: Festa do Ano-Novo em honra às deusas Astarte e Ishtar
11/13 – Grécia: Thesmophoria, festival feminino em honra a Deméter e Kore
12 – Roma: Fortuna Redux, celebração em honra às jornadas felizes
14 – Nepal, Bangladesh e Índia: Durga Puja ou Dasain, festa em honra à vitória da Grande Mãe Durga sobre o mal
15 – Roma: Purificação da cidade
16 – Índia: Lakshmi Puja ou Diwalii, festival das Luzes
18 – Inglaterra: Grande Feira dos Cornos em homenagem ao deus Cornudo
21 – Dia de Orsel ou Úrsula, deusa lunar eslava
22 – Dia dos Salgueiros, festival mesopotâmico de Belili ou Astarte
25 – China: Festival de Han Lu, deusa da Lua e das colheitas
26 – Egito: Festival da Lua cheia em homenagem a Hathor
27.10/2.11 – Celebração da Lua Azul
28.10/2.11 – Egito: Festival de seis dias que honra a deusa Ísis e celebra a busca e a recuperação de Osíris
29 – Festa dos iroqueses em honra aos mortos

30 – México: Angelitos, lembrança das almas das crianças mortas
31 – Regiões célticas: Festival dos Mortos
31 – Egito: Festa de Sekhmet e Bast
31 – Índia: Festival outonal de Dasehra, que celebra a batalha de Rama e Kali contra o demônio Ravana

Novembro – Lua Azul e Lua da Neve

27.10/2.11 – Celebração da Lua Azul
1 – Regiões célticas: Festival dos Mortos ou Reino da Anciã Cailleach
1 – Irlanda: Dia das Banshees
1 – Escandinávia: Rito de Hel
1 – México: Festa dos Mortos
1 – Egito: Quinto dia de Ísis e o encontro de Osíris
3 – Egito: Último dia de Ísis e o renascimento de Osíris
3/30 – Celebração da Lua da Neve
6 – Babilônia: Dia do nascimento de Tiamat
8 – Japão: Fuigo Matsuri, festival Shinto em honra a Inari ou Hattsui No Kami, deusa do fogão
9/10 – Escócia: Noite de Nicnevin
10 – Índia: Kali Puja para Kali, a destruidora do Mal
11 – Festa nórdica dos Einheriar, os guerreiros vencidos
15 – Japão: Shichigosan, dia Sete-Cinco-Três para a segurança das crianças com essas idades
15 – Índia: Dia das Crianças
15 – Roma: Ferônia para a deusa da fertilidade e das florestas
16 – Grécia: Noite de Hécate, que se inicia no crepúsculo
16 – Egito: Festival de Bast
24 – Egito: Festa da Queima das Lanternas para Ísis e Osíris
27 – Dia de Parvati-Devi ou das Três Mães, deusa Tríplice que se partia em Sarasvati, Lakshmi e Kali
30 – Grécia: Dia de Hécate das encruzilhadas na Lua nova
30 – Dia de Skadi entre os nórdicos
30 – Dia de Mawu, criadora africana do Universo a partir do Caos

Dezembro – Lua Fria

1 – Grécia e Roma: Dia de Pallas Atena ou Minerva
3 – Roma: Festa da Bona Dea, a boa deusa da justiça
8 – Entre os maias, festival de Ixchel
8 – Egito: Festival de Neith
8 – Grécia: Festival de Astraea, deidade da justiça
10 – Roma: Festival Lux Mundi, a Luz do Mundo, em honra à deusa da liberdade
13 – Suécia: Dia de Santa Lúcia
17/23 – Roma: Saturnália
19 – Roma: Opalia para Ops, deusa da fertilidade e do sucesso
19 – Índia: Pongol, festival hindu do solstício para Sarasvati
21 – Solstício do inverno
21 – Regiões celtas: Festival das Estrelas
21 – Egito: Celebração do retorno de Osíris para Ísis
23 – Egito: Dia de Hathor e Noite das Lanternas ou sepultamento final de Osíris
24 – Entre os anglo-saxões, a Modresnach ou Noite da Mãe
24 – Alemanha: Noite das Mães
25 – Roma: Fim da Saturnália
25 – Grécia: Dia das Geniae e celebração em honra a Atena
25 – Nos países semitas, celebração em honra a Astarte
26 – Egito: Celebração do nascimento de Hórus
27 – Celebração do nascimento da deusa nórdica Freya
31 – Roma: Celebração do dia de Hécate
31 – Egito: Dia da Sorte de Sekhmet
31 – Escandinávia: Dia de Norns
31 – Gales: Dia das Fadas de Van
31 – Escócia: Dia de Hogmanay e expulsão dos maus espíritos por meio do uso de adereços, como chifres e peles
31 – Sicília, Itália: Festa de Strenia, deusa dos presentes
31 – França: Dame Abonde, festa dos Presentes
31 – México: Noite dos Desejos

Capítulo 9

Egrégora do Calendário Lunar

A Lua exerce grande influência sobre a Natureza e o ser humano. Durante muito tempo ela foi considerada como o símbolo da Grande Mãe, que influenciava nas decisões dos povos primitivos a respeito dos ritos sagrados, danças, caça e pesca. Na tradição céltica, o símbolo Triskle simboliza as três fases da mulher, de acordo com as fases da Lua: Lua crescente > donzela; Lua cheia > mãe; Lua minguante > anciã. Durante seu passeio ao redor da Terra, a Lua também gira em torno do seu próprio eixo, formando suas quatro fases:

Lua crescente: Fase em que a Lua aparece no Céu como um C crescente a cada dia, quando sua parte visível aumenta gradativamente. É um período ideal para a prosperidade e o início de um trabalho. O casal que começa a namorar nessa fase dificilmente se separa. Nessa fase, a Lua age sobre os talos das plantas.

Lua cheia: Fase em que a Lua aparece no Céu como uma bola brilhante e maravilhosa, mostrando à Terra a sua face inteiramente iluminada pelo Sol. É um período ideal para o amor, a maternidade, as magias e muita diversão. No trabalho, o sucesso está garantido. No amor, podem surgir algumas brigas, mas o casal não se separa. Nessa fase, a Lua age sobre as flores e os frutos das plantas.

Lua minguante: Fase em que a parte visível da Lua diminui gradativamente. É um período ideal para banir da vida tudo o que não se quer mais e tudo o que incomoda espiritualmente.

No trabalho, a fase requer pessoas realistas. No amor, as pessoas se aceitam como são. Essa fase da Lua é propícia para a colheita das plantas.

Lua nova: Fase em que a Lua não aparece no Céu porque tem a sua face obscura voltada para a Terra. É um período de descanso e preparação para um novo ciclo. No trabalho, é preciso meditar sobre novos projetos. No amor, é uma fase inadequada para encontros amorosos. Nessa fase, a Lua age sobre as raízes das plantas.

Na Bruxaria, o ano é dividido de acordo com as fases da Lua, criando-se assim o Calendário das 13 Luas para que a conexão com a energia lunar seja ampliada. A Lua tem quatro fases: crescente, cheia, minguante, nova. A esse período de quatro fases se dá o nome de Lunação, que sempre é iniciada no primeiro dia da fase nova da Lua e perdura até o primeiro dia da próxima fase nova da Lua, pois a lunação é o tempo entre duas luas novas consecutivas.

Ao entrarmos em harmonia com a força e a energia de cada fase lunar, harmonizamos o nosso dia a dia e, consequentemente, a nossa vida. Nós, bruxas, fazemos essa harmonização por meio do nosso altar, pois é nele que criamos um centro energético por meio de objetos, ervas e outros atributos que nos sintonizem melhor com a energia lunar. Realizamos também rituais com velas e incensos, preparamos banhos e confeccionamos talismãs mágicos. Não é preciso colocar sobre o altar todos os atributos ao mesmo tempo. Podemos usá-los de acordo com a nossa necessidade do momento, pois, na verdade, o que mais precisamos é nos sintonizar com a energia da Lua. Podemos também usar a criatividade e a imaginação, mudando às vezes a cor da toalha que forra o altar e trocar o aroma do incenso que acendemos durante a nossa harmonização.

Para se harmonizar com a Egrégora do Calendário Lunar, você pode optar pela criação do seu próprio calendário pessoal, escolhendo uma data que simbolize algo muito importante e positivo em sua vida, como o dia do seu aniversário, o dia da sua iniciação à Bruxaria, o Ano-Novo ou o Ano-Novo celta. A partir da próxima Lua cheia ou Lua nova, você começará um calendário, seguindo a ordem abaixo, e passará a realizar os seus feitiços e rituais com a utilização dos atributos que disponibilizou.

Para se harmonizar com a energia lunar, você deve:

Preparar o seu altar;

Acender um incenso;

Preparar o seu banho, visualizando seu desejo de acordo com a energia lunar;

Levar ao altar os ingredientes que serão usados no seu banho;

Abrir o círculo energético de proteção;

Acender duas velas;

Separar as duas velas para abrir o portal;

Realizar o seu ritual, entrando em sintonia com a energia lunar;

Consagrar o seu banho;

Fechar o portal, juntando as velas;

Agradecer e fechar o círculo;

Retirar-se e, em seguida, tomar seu banho.

Lunações

Primeira Lunação: Há tradições que chamam a primeira lunação de Lua dos Antepassados, Lua Casta, Lua Distante, Lua Fria, Lua do Lobo, Lua da Neve. Há uma lenda antiga que diz que a primeira fase da Lua cheia da primeira lunação do ano protege as crianças.

Atributos da primeira lunação

Animais: Coiote (aprendizagem), raposa (cautela)

Cores: Azul, branco, violeta

Deidades: Freya, deusa nórdica; Hera, deusa grega; Inanna, deusa suméria; Sarasvati, deusa hindu. Essas deusas regem a fertilidade e os relacionamentos amorosos.

Espíritos da Natureza: Gnomos, elementais da terra

Essência: Almíscar

Flor: Açafrão, lírio-branco

Pedras: Crisoprásio, granada, ônix

Plantas para honrar a primeira lunação: Castanhas, manjerona

Energias trabalhadas na primeira lunação

Problemas pessoais que não envolvam mais ninguém
Proteção à família
Proteção pessoal

Para todos os banhos: Citarei apenas os ingredientes de cada banho porque todos os banhos descritos nas 13 lunações devem seguir o mesmo modo de preparo. Cada banho deve ser preparado e tomado na hora da entrada da Lua, ou até no máximo 12 horas antes da hora da entrada da Lua, ou até no máximo 12 horas após a hora da entrada da Lua. Os aniversariantes do mês podem repetir o banho na entrada da Lua cheia de todos os meses, respeitando o limite das horas. Os não aniversariantes do mês podem preparar 12 saquinhos ou, para melhor conservação, 12 potinhos escuros na hora da entrada da Lua cheia, respeitando o limite das horas, e a cada mês seguinte, até completar 12 meses, tomar o banho que está pronto e guardado no saquinho ou no potinho escuro, sempre respeitando o limite das horas da entrada da Lua.

Banho para proteção no amor

Deve ser preparado e tomado durante a Lua cheia da primeira lunação:
1 litro de água mineral
4 gotas de óleo de almíscar
4 gramas de flores de jasmim
4 gotas de lavanda
4 gramas de folhas de verbena
4 rosas vermelhas

Poção mágica para proteção no amor

Deve ser preparada durante a Lua cheia da primeira lunação. Misture tudo no álcool de cereais, enterre o vidro na terra por 28 dias e utilize a poção somente na lunação seguinte:
1 litro de álcool de cereais
4 gotas de óleo de almíscar
4 gramas de flores de jasmim frescas ou secas
4 gotas de lavanda

4 gramas de folhas de verbena frescas ou secas
4 rosas vermelhas frescas ou secas

Segunda Lunação: Há tradições que chamam a segunda lunação de Lua da Busca do Conhecimento, Lua Estimulante, Lua da Fome, Lua de Gelo, Lua da Tempestade.

Atributos da segunda lunação

Animais: Águia (visão ampla), unicórnio (centralidade e força)
Cores: Azul-claro, violeta
Deidades: Afrodite, deusa grega; Brigid, deusa celta; Deméter, deusa grega; Diana, deusa romana da Lua; Juno, deusa romana; Kuan Yin, deusa chinesa da compaixão. Essas deusas regem a cura, a família e a magia.
Espíritos da Natureza: Fadas, elementais do ar e da terra
Essência: Eucalipto
Flor: Dama-da-noite
Pedras: Ametista, cristal, jaspe
Plantas para honrar a segunda lunação: Mirra, sálvia

Energias trabalhadas na segunda lunação

Abrir os caminhos para novos relacionamentos
Cura
Crescimento
Perdoar a si mesmo
Planejar o futuro
Purificação

Banho para perdoar a si mesmo(a) ou perdoar mais os outros

Deve ser preparado e tomado durante a Lua minguante:
1 litro de água mineral
9 cravos-da-índia
9 folhas de artemísia
9 folhas de bálsamo
9 folhas de boldo-do-chile

9 folhas de carqueja
9 folhas de eucalipto
9 raízes de lótus

Ritual para recomeço

Este ritual deve ser feito com amor. Ele tanto serve para relacionamentos como para outras áreas da sua vida, e pode ser feito em qualquer mês e em qualquer fase da Lua:
Acenda uma vela de cor branca
Desenhe uma estrela de cinco pontas em um papel virgem
Acenda um incenso de cravo
Passe óleo de lótus em suas mãos
Peça o que você deseja recomeçar

Terceira Lunação: Há tradições que chamam a terceira lunação de Lua dos Cegos, Lua do Corvo, Lua da Larva, Lua do Olho Interior, Lua da Seiva, Lua da Semente, Lua da Tempestade.

Atributos da terceira lunação

Animal: Javali (imortalidade e soberania)
Cor: Verde-claro
Deidades: Ártemis, deusa grega; Átena, deusa grega; Cibele, deusa trácia; Hécate, deusa grega; Ísis, deusa egípcia; Minerva, deusa romana; Morrigan, deusa irlandesa. Essas deusas regem o conhecimento, as lutas e a sabedoria.
Espíritos da Natureza: Sereias, elementais da água
Essências: Flor de macieira, madressilva
Flores: Narciso, violeta
Pedras: Água-marinha, hematita
Planta para honrar a terceira lunação: Musgo

Energias trabalhadas na terceira lunação

Crescimento
Encarar a verdade e esquecer as ilusões
Prosperidade

Banho para a prosperidade

Deve ser preparado e tomado durante a Lua crescente ou durante a Lua cheia:
8 grãos de amendoim
8 paus de canela pequenos
8 pedras de citrino pequenas
8 grãos de feijão
8 sementes de girassol
8 pedaços de casca de laranja pequenos
8 folhas de louro
8 rosas amarelas

Quarta Lunação: Há tradições que chamam a quarta lunação de Lua Cor-de-rosa, Lua do Crescimento, Lua da Lebre, Lua da Relva Verde, Lua do Semeador, Lua da Semente, Lua das Vozes do Mundo.

Atributos da quarta lunação

Animais: Lobo (fidelidade e generosidade), urso (amizade e força)
Cores: Ouro, vermelho
Deidades: Bast, deusa egípcia; Ceres, deusa romana; Hathor, deusa egípcia; Kali, deusa hindu; Vênus, deusa romana. Essas deusas regem as mudanças.
Espíritos da Natureza: Fadas, elementais do ar e da terra
Essências: Louro, pinho
Flor: Margarida
Pedra: Quartzo róseo
Plantas para honrar a quarta lunação: Cebolinha, gerânio, manjericão

Energias trabalhadas na quarta lunação

Confiança
Egoísmo
Lapidar o temperamento
Mudança

Banho para expulsar energias negativas

Deve ser preparado e tomado durante a Lua minguante:
7 gramas de cedro
7 folhas de eucalipto
7 folhas de malva
7 gramas de mirra
7 gramas de pinho
7 gramas de sálvia
7 pedras pequenas de turmalina negra ou ônix

Quinta Lunação: Há tradições que chamam a quinta lunação de Lua Alegre, Lua Brilhante, Lua do Contar Histórias, Lua Flor, Lua da Lebre, Lua do Plantio, Lua do Retorno dos Sapos.

Atributos da quinta lunação

Animais: Cisne (fidelidade e graça), gato (sensualidade), leopardo (conhecimento do subconsciente)
Cores: Marrom, rosa, verde
Deidades: Afrodite, deusa grega; Ártemis, deusa grega; Bast, deusa egípcia; Maia, deusa romana; Vênus, deusa romana. Essas deusas regem a alegria e a beleza.
Espíritos da Natureza: Elfos, elementais da terra
Essências: Rosa, sândalo
Flores: Lírio, rosa
Pedras: Âmbar, cornalina, esmeralda, malaquita
Plantas para honrar a quinta lunação: Artemísia, menta, rosa, tomilho

Energias trabalhadas na quinta lunação

Contato com as fadas e com outros seres sobrenaturais
Criatividade
Intuição
Propagação

Perfume encantado para trazer boas energias

Deve ser preparado durante a Lua crescente ou durante a Lua cheia:

1/2 litro de água destilada
125 ml de álcool de cereais
1 colher de chá de baunilha
28 gramas de glicerina
1 gota de óleo de limão
1 gota de óleo de rosas

Sexta Lunação: Há tradições que chamam a sexta lunação de Lua dos Amantes, Lua dos Cavalos, Lua da Engorda, Lua dos Labirintos, Lua de Mel, Lua dos Prados, Lua da Rosa, Lua do Sol.

Atributos da sexta lunação

Animais: Borboleta (autotransformação), macaco (inteligência), pavão (beleza e coragem), sapo (evolução e limpeza)
Cores: Laranja, verde dourado
Deidades: Cerridwen, deusa celta; Ísis, deusa egípcia; Isthar, deusa assírio-babilônica; Neith, deusa egípcia. Essas deusas regem a firmeza de decisões e a inspiração.
Espíritos da Natureza: Silfos, elementais do ar
Essências: Lavanda, lírio-do-vale
Flores: Lavanda, orquídea
Pedras: Ágata, alexandrina, fluorita, topázio
Plantas para honrar a sexta lunação: Salsinha, verbena

Energias trabalhadas na sexta lunação

Fortalecimento
Prevenção
Proteção

Ritual para a prosperidade

As seguintes frases devem ser escritas em pedaços de papel e distribuídas pela casa inteira, onde deverão permanecer durante toda a sexta lunação:
A prosperidade anda sempre comigo
Eu mereço o amor
Sou iluminada e mereço a felicidade
A plenitude sempre habitará esta casa

Trago luz para a minha vida
Energias do bem me protegem
Eu mereço o melhor
Estou conseguindo tudo com facilidade
Sou um canal aberto de energia criativa
Sempre chego na hora certa e no lugar certo, e sempre me empenho com sucesso na atividade certa
Agradeço por minha vida de saúde, de riqueza, de felicidade e de plena expressão da minha personalidade, das minhas ideias e dos meus talentos
Uma ilimitada riqueza está na minha vida
Agora dou e recebo amor livremente

Banho para o amor

Deve ser preparado e tomado durante a Lua cheia:
1 litro de água mineral fervida
1 colher de mel
4 punhados de ilangue-ilangue
4 punhados de jasmim
4 punhados de lavanda
4 punhados de patchuli
4 punhados de verbena
4 rosas

Sétima Lunação: Há tradições que chamam a sétima lunação de Lua da Bênção, Lua do Feno, Lua do Gamo, Lua das Plantas, Lua da Proclamação, Lua de Sangue, Lua das Sereias, Lua do Trovão.

Atributos da sétima lunação

Animais: Golfinho (harmonia e pureza), tartaruga (estabilidade)
Cores: Cinza, prata
Deidades: Cerridwen, deusa celta; Hel, deusa escandinava; Holda, deusa nórdica; Juno, deusa romana; Néftis, deusa egípcia. Essas deusas regem a proteção e o desenvolvimento da espiritualidade.

Espíritos da Natureza: Duendes, elementais da terra
Essências: Lírio, olíbano
Flores: Jasmim, lótus
Pedras: Ágata, pérola, selenita
Planta para honrar a sétima lunação: Madressilva

Energias trabalhadas na sétima lunação

Adivinhação
Espiritualidade
Sonhos
Sucesso

Banho para atração

Deve ser preparado e tomado durante a Lua crescente ou durante a Lua cheia:
1 litro de água mineral
1 colher de chá de açúcar
7 cravos-da-índia
1 folha de louro
1 colher de sopa de mel
1 colher de café de noz-moscada

Oitava Lunação: Há tradições que chamam a oitava lunação de Lua da Cevada, Lua das Disputas, Lua da Loba, Lua do Milho, Lua Quando as Cerejas Ficam Pretas.

Atributos da oitava lunação

Animais: Dragão (proteção dos quatro elementos), falcão (precisão), fênix (renascimento), leão (poder e prosperidade)
Cores: Amarelo, ouro
Deidades: Diana, deusa romana; Hécate, deusa grega; Nêmesis, deusa grega. Essas deusas regem o retorno com justiça e protegem as bruxas.
Essência: Olíbano
Espíritos da Natureza: Salamandras, elementais do fogo
Flores: Girassol, madressilva
Pedras: Ágata, cornalina, jaspe

Plantas para honrar a oitava lunação: Angélica, arruda, camomila, erva-doce, laranja

Energias trabalhadas na oitava lunação

Amizade
Apreciação
Colheita
Encontros
Saúde

Banho para estimular sua colheita

Deve ser preparado e tomado durante a Lua crescente ou durante a Lua cheia:
1 litro de água mineral
Angélica
Camomila
Um punhado de pétalas de girassol
Laranja descascada
Várias folhas de louro
Noz-moscada

Nona Lunação: Há tradições que chamam a nona lunação de Lua da Cantoria, Lua da Colheita, Lua da Risada de Afrodite, Lua do Vinho.

Atributos da nona lunação

Animal: Cobra (cura e regeneração)
Cores: Amarelo, marrom
Deidades: Belili, deusa suméria; Ceres, deusa romana; Deméter, deusa grega; Ísis, deusa egípcia. Essas deusas regem a fartura e a fertilidade.
Espíritos da Natureza: Fadas, elementais do ar e da terra
Essências: Bergamota, gardênia
Flores: Lírio, narciso
Pedra: Olivina
Plantas para honrar a nona lunação: Erva-doce, trigo, valeriana

Energias trabalhadas na nona lunação

Limpeza
Organização

Banho para organizar os pensamentos

Algumas folhas de arruda
Calêndula
Flores de camomila
Erva-doce
2 ramos de trigo

Décima Lunação: Há tradições que chamam a décima lunação de Lua da Cura, Lua do Derramamento, Lua da Folha Caída, Lua da Mudança de Estação, Lua de Sangue.

Atributos da décima lunação

Animais: Alce (resistência e responsabilidade), bode (sensitividade), elefante (longevidade)
Cor: Azul-escuro
Deidade: Lakshmi, deusa hindu da fortuna e da prosperidade
Espíritos da Natureza: Fadas, elementais do ar e da terra
Essências: Cereja, morango
Flores: Calêndula, cravo-de-defunto
Pedras: Opala, turmalina, turquesa
Plantas para honrar a décima lunação: Angélica, bardana, poejo, tomilho

Energias trabalhadas na décima lunação

Carma
Purificação interior
Reencarnação

Receita de defumador

1 colher de sopa de café
1 colher de sopa de chá-mate
Fumo de um cigarro

Banho para transmutação de energia

Deve ser preparado e tomado em qualquer fase da Lua da décima lunação:
1 litro de água mineral
1 colher de sal
13 flores de gerânio
13 folhas de hortelã
13 flores de violeta
13 folhas de violeta

Décima Primeira Lunação: Há tradições que chamam a décima primeira lunação de Lua Ancestral, Lua Azul, Lua da Caçada, Lua dos Caçadores, Lua dos Mortos, Lua dos Sonhos.

Atributos da décima primeira lunação

Animais: Cão (fidelidade), lobo (proteção), morcego (habilidade mágica e iniciação), porca (confiança e fé)
Cores: Branco, preto, roxo
Deidades: Cerridwen, deusa celta; Cibele, deusa oriental; Circe, deusa grega; Hel, deusa escandinava; Kali, deusa hindu; Néftis, deusa egípcia. Essas deusas regem as cavernas, as encruzilhadas e a morte.
Espíritos da Natureza: Seres que portam mensagens entre os mundos
Essências: Alecrim, cálamo, lilás
Flores: Crisântemo, dália
Pedras: Lágrima-de-apache, obsidiana, ônix
Plantas para honrar a décima primeira lunação: Absinto, anis-estrelado, artemísia, gengibre, noz-moscada

Energias trabalhadas na décima primeira lunação

Comunhão com os mortos
Lembrança
Liberação
Libertação de emoções e de memórias velhas e negativas

Banho para o amor

Deve ser preparado e tomado durante a Lua cheia:
1 litro de água mineral
1 maçã descascada e picada
3 morangos picados
1 pera descascada e picada
3 uvas italianas

Ferva tudo, fazendo um chá. Coe e separe uma xícara. Jogue o banho da cabeça aos pés. Após o banho, vista uma roupa confortável. Adoce a xícara com mel e beba antes de dormir.

Décima Segunda Lunação: Há tradições que chamam a décima segunda lunação de Lua do Castor, Lua de Contar as Bênçãos, Lua Escura, Lua Louca, Lua da Névoa, Lua de Neve, Lua da Tempestade.

Atributos da décima segunda lunação

Animal: Unicórnio (espiritualidade, pureza e rapidez)
Deidades: Hécate, deusa grega; Mawu, deusa africana; Sarasvati, deusa hindu. Essas deusas regem as transformações.
Espíritos da Natureza: Fadas, elementais do ar e da terra
Cores: Cinza, verde-mar
Essências: Cedro, flor de cerejeira, hortelã, limão, narciso
Flor: Crisântemo
Pedras: Jacinto, lápis-lazúli, topázio
Plantas para honrar a décima segunda lunação: Cardo-santo, verbena

Energia trabalhada na décima segunda lunação

Transformação

Banho para o amor

Deve ser preparado e tomado durante a Lua cheia:
2 canelas em pau
2 cerejas
2 folhas de hortelã
2 folhas de verbena

Décima Terceira Lunação: Há tradições que chamam a décima terceira lunação de Lua do Carvalho, Lua Fria, Lua do Grande Inverno, Lua do Lobo, Lua das Longas Noites, Lua da Serpente.

Atributos da décima terceira lunação

Animais: Cavalo (liberdade de espírito), rato (alerta e versatilidade), urso (cura e curiosidade)
Cores: Branco, preto, vermelho
Deidades: Hathor, deusa egípcia; Hécate, deusa grega; Parcas, deusas romanas. Essas deusas regem os destinos.
Espíritos da Natureza: Fadas, elementais do ar e da terra
Essências: Gerânio, lilás, mirra, patchuli, violeta
Flores: Cacto, pinho
Pedras: Jacinto, olivina
Plantas para honrar a décima terceira lunação: Mirra, patchuli

Energias trabalhadas na décima terceira lunação

Alquimia pessoal
Cuidados com a família e com os amigos
Renascimento

Banho para brilho, harmonia, prosperidade e sucesso

Deve ser preparado e tomado durante a Lua nova, ou Lua crescente ou Lua cheia:
1 litro de água mineral
Flores amarelas
Flores vermelhas
Folhas verdes
1 pote de glitter
Ferva tudo e jogue da cabeça aos pés. Vista uma roupa de cor amarela e beba um copo de Água do Sol, ou seja, um copo de água mineral com gás, misturada com suco de laranja. Ponha para tocar uma música agradável, acenda uma vela de cor laranja e dance.

Curiosidades

Dentro das raízes brasileiras, nossos índios chamavam o mês lunar de Ornato; a fase da Lua nova de Iaci Omunhã; a fase da Lua cheia de Iaci Icaua; o cortejo lunar era formado por quatro entidades: Boitatá, Curupira, Saci-pererê e Urutau;

Quando um mês tem duas Luas cheias, a segunda lua é chamada de Lua Azul (*Blue Moon*, em inglês). Entre as bruxas, essa lua é conhecida como Lua das Bruxas porque, durante esse período, os poderes mágicos se intensificam.

Reflexão do Capítulo 9

"A sabedoria você traz na sua essência. Não dá para dividi--la. O conhecimento você adquire e precisa ser dividido."

Capítulo 10

Calendário dos Gnomos e Duendes

O mundo dos elementais da Natureza, como gnomos, duendes e fadas, é tão antigo quanto a própria Terra. Embora muitos teimem em negá-los, eles são tão reais quanto os anjos e os espíritos. Vivem em suas próprias dimensões e exploram os nossos domínios, sem que possamos vê-los. Esses pequeninos seres, classificados hoje como gnomos e duendes, já eram citados na literatura sânscrita 7 mil anos atrás. No Egito antigo, eram conhecidos como entidades que apareciam no momento do nascimento de uma criança para fazer a previsão do seu futuro. A Cabala faz referências a pequenos gênios que vivem no interior da Terra e que muitos deles ajudaram o rei Salomão a construir o Templo de Jerusalém. O Talmude afirma que as plantas são habitadas por criaturas diminutas. Okuninoshi, uma das deidades do Shinto japonês, certa vez descreveu um deus, habitante do alto de uma árvore, que planou sobre uma folha e veio em sua ajuda. Era Sukunabikona, um anão que cabia na palma da mão da deidade. Seu poder era tal, que ambos decidiram reconstruir o mundo para o bem da humanidade, dedicando-se primeiramente em erradicar todas as enfermidades.

Os elementais são hoje investigados pela parapsicologia e chamados de ECNI – Entidades Coexistentes Não Identificadas. Há pessoas que, em decorrência de uma sensibilidade especial, podem perceber sensorialmente o mundo sutil desses seres e, quando conseguem comunicar-se com eles, podem nos transmitir novas informações a seu respeito.

Os gnomos são seres que conhecem todos os segredos do planeta Terra e do Cosmos. A palavra *gnomo* significa *anão sem idade definida que, segundo a Cabala, vive no interior da Terra e tem a guarda de seus tesouros em pedras e metais preciosos*. O termo *gnomo* vem do latim *gnomus*, calcada no grego *genómos* > *habitante da terra*, ou no grego *gnomes* > *bom senso, conhecimento, julgamento, reflexão*, ou mesmo no francês *gnome* > *pequeno gênio que habita a terra*. A palavra *duende* significa *entidade de aspecto humano, orelhas pontudas e pequenina estatura, que geralmente usa seus poderes em travessuras noturnas para assustar os moradores das casas*. O termo *duende*, sinônimo de *trasgo* e *fradinho-da-mão-furada*, vem provavelmente do espanhol *duen de casa* > *dueño de casa* > *duende* > *dono de uma casa, espírito travesso, espírito que se crê habitar uma casa*.

Os gnomos são mais velhos e mais poderosos que os duendes e preferem viver em ambientes naturais tranquilos. São os gnomos que comandam os duendes, os quais vão e vêm constantemente para ajudar os seres humanos e, quando se instalam em algum lugar, ali permanecem. Ao contrário das fadas, os duendes são todos masculinos. Tanto os gnomos como os duendes vivem em harmonia com a Natureza e seus tesouros. As pessoas que conseguem acessá-los e estabelecer um vínculo amigável com eles são agraciadas com muita sorte. Para contatá-los, é preciso ter um conhecimento prévio sobre a afinidade energética e o tipo de vibração que emitem no decorrer dos 12 meses do ano.

Janeiro

Gnomo: Igor
Duende: Rimon
Atributos: Alegria, bem-estar, proteção

O gnomo Igor é bastante poderoso e está sempre em companhia de Rimon, um duende muito alegre e brincalhão que pode ser visualizado nas margens dos rios confeccionando vasos de barro. Ao se iniciar um novo ano, o gnomo Igor pode ser invocado para trazer harmonia e prosperidade, pois o ser humano veio a este mundo para se tornar vencedor e a melhoria financeira é um direito de todos. Por isso, não se deve se contentar com pouco, mas sim ter pensamentos positivos para que um futuro promissor se torne realidade.

Fevereiro

Gnomo: Elio
Duende: Wull
Atributos: Beleza, depressão, sedução, tristeza

O gnomo Elio e o duende Wull ajudam a melhorar a auto-estima, transmitindo a força e a energia necessárias para você se curar da depressão ou superar grandes desilusões. Elio é um grande aliado da mulher no que diz respeito ao amor e à sedução e pode ser invocado em qualquer época do ano, mas em fevereiro sua vibração é mais intensa.

Março

Gnomo: Harumh
Duende: Verny
Atributo: Liberação

O gnomo Harumh está sempre em companhia do duende Verny e ambos exercem grande poder na limpeza de ambientes carregados de energias negativas. Para se libertar de forças negativas, limpar sua casa e melhorar seus negócios, você deve acender um incenso de limpeza energética e chamar o gnomo e o duende pelos seus nomes.

Abril

Gnomo: Zocoss
Duende: Jefte
Atributos: Dinheiro, trabalho

O gnomo Zocoss é um grande administrador financeiro que pode orientar você a lidar melhor com o seu dinheiro. No entanto, para se conseguir dinheiro, é preciso trabalhar, e é ao gnomo Zocoss a quem você deve pedir trabalho, com o qual sua dignidade se fortalece. Invocando o gnomo Zocoss e o duende Jefte, você receberá ajuda imediata para solucionar qualquer tipo de situação referente a trabalho e dinheiro.

Maio

Gnomo: Giafar
Duende: Clion
Atributo: Proteção energética

O gnomo Giafar recompõe suas energias quando suas defesas estiverem baixas, quando estiver muito estressado(a) ou diante de um delicado momento de decisão sobre algum negócio. Ao ser invocado, Giafar lhe enviará o duende Clion, que lhe acompanhará, que lhe protegerá e lhe envolverá num círculo magnético para recompor suas energias.

Junho

Gnomo: Pan
Duende: Yark
Atributos: Entendimento, paciência

O gnomo Pan ajuda você a alcançar o entendimento, principalmente no âmbito familiar, e pode ser invocado sempre que o momento exigir calma, porque a ansiedade e o nervosismo podem resultar em atos impulsivos e indesejáveis. É o duende Yark quem proporciona a vibração necessária para a calma ser restabelecida.

Julho

Gnomo: Raschib
Duende: Edoss
Atributos: Confiança, segurança, zelo

O gnomo Raschib ajuda a restabelecer a autoconfiança e a neutralizar o ciúme e a inveja, sentimentos que obscurecem a aura humana. Como o descrédito pessoal pode suscitar desejos destrutivos, Raschib, quando invocado, tem o poder de limpar o seu campo áurico e lhe outorgar confiança e segurança. O duende Edoss envia seus raios da cor do arco-íris para restabelecer a harmonia.

Agosto

Gnomo: Mobarack
Duende: Oldh
Atributos: Fé, gestação, saúde

O gnomo Mobarack conhece todas as virtudes da magia e da alquimia e possui grande poder energético para restabelecer a saúde, aliviar as dores e aumentar a proteção do feto durante a gestação. Quando invocado, ele envolve com a sua luz as partes doentes do corpo físico, mas para que isso seja possível, é preciso que você segure um cristal de quartzo em sua mão. O duende Oldh alivia as dores de cabeça e os problemas estomacais.

Setembro

Gnomo: Jenny
Duende: Pyloo
Atributos: Amor, harmonia, união

Jenny é o gnomo do amor e dos apaixonados. Quando invocado, ajuda a resolver problemas amorosos e de desunião entre os cônjuges ou familiares, mas detesta mentiras e falsidade. O duende Pyloo emite raios de cor violeta, para transmutar suas energias negativas em energias positivas e envolver os seus entes queridos.

Outubro

Gnomo: Haruko
Duende: Smark
Atributo: Proteção

O gnomo Haruko possui um incrível poder de proteção. Zela pelos seres humanos e não permite que nada de mal lhes aconteça. Tanto ele como o duende Smark têm o poder de proteger os humanos dentro de uma bola de cor dourada e expulsar todas as energias negativas que tentem atingi-los. Ambos amam muito as crianças e os velhinhos.

Novembro

Gnomo: Otbat

Duende: Basy
Atributos: Azar, dinheiro, juízos

O gnomo Otbat é quem cuida do caldeirão de ouro e orienta sobre o dinheiro e os juízos. Ao ser invocado, ele ilumina a sua mente para que você não se equivoque no caminho do dinheiro e da justiça. O duende Basy ajuda nos jogos e em tudo o que diz respeito ao azar.

Dezembro

Gnomo: Magrebin
Duende: Vikran
Atributos: Amor, dinheiro, entusiasmo, fortaleza, saúde

O gnomo Magrebin tem o poder de afugentar toda e qualquer energia negativa interior ou exterior e de limpar os ambientes. Quando invocado, envolve você com os raios dos Sete Poderes, deixando-o(a) mais revigorado(a) e entusiasmado(a). O duende Vikran afugenta todo o mal da sua vida.

No dia do Natal, deposite mel, avelãs e uma taça com vinho no jardim e agradeça a esse povo pequenino que tanto ajudou você durante o ano inteiro.

Capítulo 11

Calendário das Fadas

A palavra *fada* vem do latim *fata > fatae* e significa *a deusa do destino*. Na literatura, as fadas são geralmente citadas como entidades do sexo feminino, de beleza e encanto extraordinários, às quais se atribui o poder mágico de influir no destino dos seres humanos. Na mitologia clássica da Grécia, as fadas são às vezes comparadas às Parcas Átropos, Cloto e Láquesis, deusas que determinam o curso da vida humana.

Janeiro

Fada Randa: Sua maior virtude é proporcionar felicidade. É muito bela e luminosa e atrai a energia solar. Você deve invocá-la quando estiver carente de energias.

Ritual: Os dias mais propícios são 21 e 25. Saia para um passeio à luz do Sol ou sente-se comodamente em um lugar tranquilo e reservado, onde possa receber a luz solar, tendo as palmas das mãos para cima e os pés descalços. Invoque a fada, aguarde algum som que a identifique e faça seu pedido. Você pode também acender um incenso de jasmim ou colocar uma flor de jasmim num copo com água, dentro de sua casa.

Fevereiro

Fada Grinza: Sua maior virtude é consolar, orientar e proporcionar beleza e sedução. Você deve invocá-la quando estiver depressivo(a) ou com a autoestima baixa.

Ritual: Os dias mais propícios são 21 e 26. Para invocar a fada Grinza, corte uma maçã em quatro pedaços e deposite-os como oferenda no seu jardim ou num vaso de flores.

Março

Fada Xinauh: Sua maior virtude é lhe outorgar muita força e ousadia e proteger você contra as forças negativas. Ela deve ser invocada sempre que houver muitas desavenças ou intrigas em sua casa, entre os seus familiares.

Ritual: Os dias mais propícios são 21, 23 e 25. Para invocá-la, chame-a pelo nome e a visualize com uma roupa bem colorida. Depois coloque um pouco de leite com mel e um pedaço de pão com açúcar em um lugar ventilado de sua casa, em oferenda à fada Xinauh.

Abril

Fada Rasnysh: É a fada cozinheira da Rainha e sua maior virtude é proporcionar muita abundância, dinheiro e prazeres. Os fungos são seu alimento predileto e o cheiro da canela é o aroma que mais a atrai.

Ritual: Os dias mais propícios são 8, 12 e 27. Prepare com muito carinho um prato de *champignon* salteado com manteiga. Antes de se servir, convide a fada para cear com você.

Maio

Fada Nuby: É a fada da comunicação, dos estudos e da sabedoria. Invoque-a antes de uma prova ou exame, quando precisar falar em público ou se estiver à procura de um emprego.

Ritual: Os dias mais propícios são 1, 2, 3, 29, 30 e 31. Quando precisar da fada, diga o seguinte: "Fada Nuby, ilumine a minha mente para que os meus pensamentos tenham o mesmo frescor dos campos e a luz do Universo!"

Junho

Fada Arnich: Sua maior virtude é outorgar inspiração e paciência para a criação artística.

Ritual: Os dias mais propícios são 14 e 21. Concentre-se firmemente antes de invocá-la. Chame-a pelo nome, sustentando em sua mão esquerda uma pedra de geodo que tenha sido bem lavada. Geodo é uma pedra muito usada em decoração. Ela se forma de rochas ígneas, metamórficas e sedimentares e tem uma cavidade cheia de pequeninos cristais.

Julho

Fada Argay: É a fada que proporciona confiança, brilho pessoal e dignidade.

Ritual: Os dias mais propícios são 7, 14, 21 e 28. Confeccione um amuleto com um pequeno galho de sabugueiro, onde deve gravar o nome da fada. Enquanto grava o nome de Argay no galho, peça muita energia e proteção. Depois carregue o amuleto em sua bolsa ou carteira.

Agosto

Fada Cayla: Sua maior virtude é trazer alegria à vida cotidiana e amenizar as tensões da mulher que se ocupa com os afazeres domésticos.

Ritual: Os dias mais propícios são 6, 12, 18 e 24. Faça um pastelzinho caseiro, cubra-o com bastante mel e coloque-o em uma cestinha. Ponha a cestinha em algum cantinho sossegado de sua casa, em oferenda à fada Cayla.

Setembro

Fada Rasmin: Sua maior virtude é dedicar especial atenção aos casais e aos apaixonados e evitar brigas conjugais, familiares e entre amigos e sócios.

Ritual: O tempo mais propício é três dias antes e três dias depois da Lua cheia de setembro. Invoque a fada por meio desta oração: "Fada Rasmin, ajude-me a aplacar a escuridão que nos afasta, toque-me com a sua luz e abrande a alma de (diga o nome da pessoa que lhe tem causado desgosto)".

Outubro

Fada Ciale: Sua maior virtude é aliviar a dor física, conceder o dom da valentia e auxiliar os enfermos que temem o futuro.

Ritual: Os dias mais propícios são 16 e 24. Ponha um pouco de louro, um pouco de tomilho, algumas gotas de óleo de lavanda e cristais de incenso para queimar em um recipiente e deixe que a fumaça se impregne em toda a sua casa.

Novembro

Fada Melihah: Sua maior virtude é favorecer o ânimo festivo e, por isso, deve ser invocada quando você se encontrar aborrecido(a) ou se sentir tão insatisfeito(a) que não consegue se divertir com nada.

Ritual: Os dias mais propícios são 9, 18 e 27. Ponha para tocar uma música bem agradável e dance, dizendo: "À luz da Lua eu danço, com a noite começa o nosso dia. Enquanto danço te invoco, Melihah, minha fada querida!".

Dezembro

Fada Sabelina: Sua maior virtude é afugentar a má sorte e ajudar a recuperar as forças, a prosperidade e a confiança na Providência Divina.

Ritual: Os dias mais propícios são 10, 20 e 30. Durante três dias consecutivos, ofereça à fada um pãozinho quente, polvilhado com sementes de trigo. O pãozinho deve ser colocado no lugar mais iluminado da sua casa.

Gratidão a você, Leitor.

Qualquer dúvida, contate-me:
taniagori@casadebruxa.com.br

Beijos Encantados,
Tânia Gori

Nota do Editor

A Madras Editora não participa, endossa ou tem qualquer autoridade ou responsabilidade no que diz respeito a transações particulares de negócio entre o autor e o público.

Quaisquer referências de internet contidas neste trabalho são as atuais, no momento de sua publicação, mas o editor não pode garantir que a localização específica será mantida.

Bibliografia

ADREWS, Ted. *O Encanto do Mundo das Fadas*. Rio de Janeiro: Editora Nova Era, 1994.

ALIJANDRA. *A Fonte de Cura dos Chakras e das Cores*. São Paulo: Madras Editora, 1999.

Almanaque do Pensamento. Editora Pensamento, 2001.

AMY, Zerner. *O Tarô Encantado.* São Paulo: Editora Siciliano, 1991.

ARAÚJO, Rosa T. Bonini de. *A Mulher no século XXI. O Resgate de Lilith.* São Paulo: Editora Aquariana, 1989.

BIANCARD, Rosa Maria. *O Livro Secreto da Bruxa.* São Paulo: Editora Artífice, 2000.

_____. *Sabedoria das Bruxas.* São Paulo: Editora Berkana, 1998.

BONDS, Lilian Verner. *A cura pelas cores.* Rio de Janeiro: Editora Bertrand Brasil, 1999.

CABOT, Laurie. *O Despertar da Bruxa.* Rio de Janeiro: Editora Campus, 2000.

_____. *O Poder da Bruxa.* Rio de Janeiro: Editora Campus, 1994.

_____. *O Amor Mágico.* Rio de Janeiro: Editora Campus, 1993.

CALAND, M. E. *O uso mágico e espiritual de incensos e defumadores*. São Paulo: Editora Pensamento, 1990.

CASCUDO, Luís da Câmara. *Lendas Brasileiras*. São Paulo: Ediouro, 2000.

CASTRO, Adhemar de. *O que é a Igreja Católica Romana*. Gazeta Maçônica, 1975.

COLLINGE, William. *Energia Sutil*. Rio de Janeiro: Editora Nova Era, 2000.

CONWAY, D. J. *Livro Mágico da Lua*. São Paulo: Editora Gaia, 1997.

_____. *A Magia Celta*. Lisboa: Editora Stampa, 1990.

CUNNINGHAM, Scott. *A Casa Mágica*. Editora Gaia, 1999.

_____. *Guia Essencial da Bruxa Solitária*. Editora Gaia, 1998.

_____. *Magia Natural*. São Paulo: Editora Gaia, 1997.

_____. *Enciclopédia de cristais, pedras preciosas e metais*. São Paulo: Editora Gaia, 1999.

DAWSON, Adele G. *O Poder das Ervas*. São Paulo: Editora Best Seller, 1991.

DUNWICH, Gerina. *Wicca: A Feitiçaria Moderna*. Rio de Janeiro: Editora Bertrand Brasil, 1995.

ELKINS, David N. *Além da Religião*. São Paulo: Editora Pensamento, 1998.

FARRAR, Stewart, JANET. *Oito Sabás para Bruxas*. Editora Anubis, 1983.

FAUR, Mirella. *O Anuário da Grande Mãe*. São Paulo: Editora Gaia, 1999.

FRASÃO, Marcia. *Revelações de uma Bruxa*. São Paulo: Editora Bertrand Brasil, 1996.

JONES, Evan John. *Feitiçaria – A tradição renovada*. Rio de Janeiro: Editora Bertrand Brasil, 1992.

JULIEN, Nadia. *Dicionário dos Símbolos*. São Paulo: Editora Riddel, 1993.

LAGOAS, Luiza. *O Caminho da Jovem Feiticeira*. Rio de Janeiro: Bertrand Brasil, 1998.

LEVINE, Stephen. *Meditações Dirigidas*. São Paulo: Editora Ágora, 1997.

LIMA, Julio César Parreira. *A Mandala do Amor*. São Paulo: Editora Ground, 1998.

LIMA, Ligia Amaral. *Remexendo o Caldeirão*. Rio de Janeiro: Editora Bertrand Brasil, 1996.

MAGALHÃES, Cristina. *O Encontro com os Elementais*. Rio de Janeiro: Editora Objetiva, 1992.

MANTHEIA, Lorena. *O Ocultismo sem mistérios*. São Paulo: Editora Gnose, 1995.

MOLINERO. *As Deusas Mães de Nossa Humanidade*. Molinero, São Paulo: Editora Ícone, 1994.

MOOREY, Teresa. *A Deusa*. São Paulo: Editora Pensamento, 1999.

MORGAN, Govenka. *Encantamentos de Govenka Morgan*. São Paulo: Editora Gaia.

O'DONHUE, John. *Anam Cara*. Rio de Janeiro: Editora Rocco, 2000.

OSHO. *Eu ensino Religiosidade não Religião*. São Paulo: Editora Gente, 1991.

PERES, Alcides Canejeiro. *A Inquisição*. Rio de Janeiro: Editora CPAD, 1998.

PICKLES, Sheila. *A linguagem das flores*. São Paulo: Editora Melhoramentos, 1992.

PRIETO, Claudiney. *Wicca – Ritos e Mistérios da Bruxaria Moderna*. Germinal Editora, 1999.

_____. *Wicca – A Religião da Deusa*. São Paulo: Editora Gaia, 2000.

SAHAGOFF, Maria Eugenia. *Feliz Ano-Novo*. São Paulo: Editora Cultrix, 2000.

SARACENI, Rubens. *A Magia Divina das Velas*. São Paulo: Madras Editora, 2000.

SCHERER, Mario. *A Pequena Bruxa*. Porto Alegre: Editora Sulina, 1998.

SICUTERI, Roberto. *Lilith – A Lua Negra*. Rio de Janeiro: Editora Paz e Terra, 1985.

TERSEUR, Françoise. *Os Druidas e a Tradição Celta*. Lisboa: Editora Acrópole, 1995.

TYSON, Donald. *A Magia Ritual*. Lisboa: Editora Vida, 1999.

_____. *Magia Ritual*. Lisboa: Editorial Estampa, 1995.

VICTORIA, Luiz Ap. *Dicionário Básico de Mitologia*. Rio de Janeiro: Ediouro, 2000.

WOOLGER, Jennifer Barker. *A Deusa Interior*. São Paulo: Editora Cultrix, 1987.

MADRAS® Editora
CADASTRO/MALA DIRETA

Envie este cadastro preenchido e passará a receber informações dos nossos lançamentos, nas áreas que determinar.

Nome _____
RG _____ CPF _____
Endereço Residencial _____
Bairro _____ Cidade _____ Estado _____
CEP _____ Fone _____
E-mail _____
Sexo ❏ Fem. ❏ Masc.   Nascimento _____
Profissão _____ Escolaridade (Nível/Curso) _____

Você compra livros:
❏ livrarias   ❏ feiras   ❏ telefone   ❏ Sedex livro (reembolso postal mais rápido)
❏ outros: _____

Quais os tipos de literatura que você lê:
❏ Jurídicos   ❏ Pedagogia   ❏ Business   ❏ Romances/espíritas
❏ Esoterismo   ❏ Psicologia ❏ Saúde   ❏ Espíritas/doutrinas
❏ Bruxaria   ❏ Autoajuda   ❏ Maçonaria   ❏ Outros:

Qual a sua opinião a respeito desta obra? _____
_____

Indique amigos que gostariam de receber MALA DIRETA:
Nome _____
Endereço Residencial _____
Bairro _____ Cidade _____ CEP _____

Nome do livro adquirido: **Bruxaria Natural**

Para receber catálogos, lista de preços e outras informações, escreva para:

MADRAS EDITORA LTDA.
Rua Paulo Gonçalves, 88 – Santana – 02403-020 – São Paulo/SP
Caixa Postal 12183 – CEP 02013-970 – SP
Tel.: (11) 2281-5555 – Fax.:(11) 2959-3090
www.madras.com.br

MADRAS® Editora

Para mais informações sobre a Madras Editora,
sua história no mercado editorial
e seu catálogo de títulos publicados:

Entre e cadastre-se no site:

www.madras.com.br

Para mensagens, parcerias, sugestões e dúvidas, mande-nos um e-mail:

marketing@madras.com.br

SAIBA MAIS

Saiba mais sobre nossos lançamentos,
autores e eventos seguindo-nos no facebook e twitter:

@madrased

/madraseditora